SUEÑO
REVOLUCION

De Chile a Gales

La Historia de una Joven Familia que escapó de la Dictadura Fascista de Pinochet en los años 70

SUEÑOS REVOLUCIONARIOS

De Chile a Gales

La Historia de una Joven Familia que escapó de la Dicatudura Fascista de Pinochet en los años 70

José Hernán Cifuentes

Con aportes de
Brian Davies Paul Elliot
y Rocío del Trigal Cifuentes

Hafan Books

Hafan Books

c/o Tom Cheesman
Swansea University
SA2 8PP
Wales
Reino Unido / UK

lulu.com/hafan t.cheesman@swansea.ac.uk

Diseño de portada por Zaffer Azad y Neil Collier; fotos de album familia Cifuentes y Wikipedia Commons

Primera edición en Castellano

Impreso por Lulu.com en 2017

ISBN 9780995496613

Para María Cristina con mucho amor y
agradecimiento

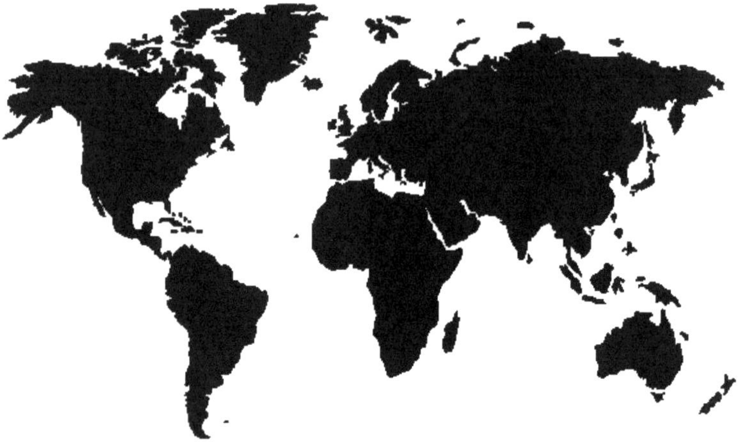

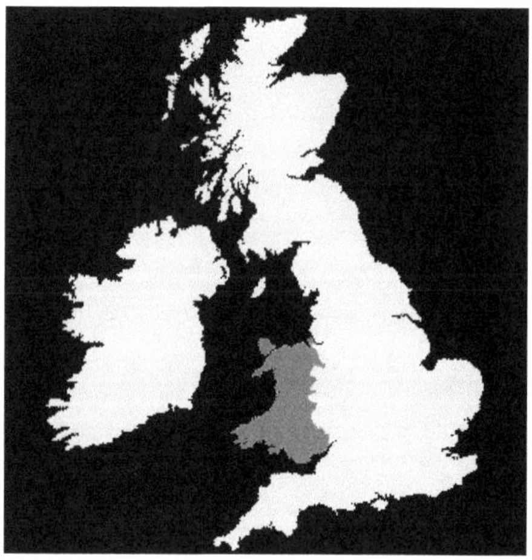

Gales, parte del Reino Unido

Índice

"Trabajadores de mi patria: tengo fe en Chile y su destino. Superarán otros hombres este momento gris y amargo, donde la traición pretende imponerse. Sigan ustedes sabiendo que, mucho más temprano que tarde, de nuevo abrirán las grandes alamedas por donde pase el hombre libre para construir una sociedad mejor.
¡Viva Chile! ¡Viva el pueblo! ¡Vivan los trabajadores!
Éstas son mis últimas palabras y tengo la certeza de que mi sacrificio no será en vano. Tengo la certeza de que, por lo menos, habrá una lección moral que castigará la felonía, la cobardía y la traición."
Presidente Salvador Allende (1908-1973)
- El 11 de septiembre 1973

"Tenemos mucho más en común que lo que nos divide."
Jo Cox MP (1974-2016), joven parlamentaria británica, luchadora por la paz y por los refugiados, asesinada por un fanático nazi
- El 3 de junio 2015

El Nacimiento de esta Historia

Este relato ha sido escrito especialmente para mis hijos Rocío del Trigal, Aleri Gerald y mis nietos Mía, Louie, Zefi, Peppi and Sienna con la esperanza de que puedan conocer la historia de sus padres y abuelos, especialmente las razones por las cuales tuvimos que abandonar nuestro país, Chile, y porque hemos tratado de que nuestra primera lengua (castellano) continúe en nuestra familia después de nuestra partida.

Este relato también ha sido escrito de manera especial para compartir nuestra historia con nuestros amigos, colegas, y muy especialmente con los jóvenes de Swansea, Gales, nuestra segunda patria, los jóvenes chilenos y de manera muy especial con los hijos y nietos de los compañeros con quienes construimos esta historia y por supuesto con todos los jóvenes y personas que anhelan un mundo más justo y mejor. Mi relato siempre ha sido recibido con una mente critica y con compasión humana por la gente de Swansea/ Gales, estudiantes secundarios y universitarios de Swansea y muchas otras organizaciones.

Los jóvenes son el futuro, aman la libertad y tienen fuerza, pasión para luchar por un mundo mejor de libertad y de justicia social. Por eso albergo la esperanza de que ellos puedan leer mi historia y desarrollen sus propias ideas y opiniones de una manera crítica basada en la realidad y no sólo en "la versión oficial "dada por los medios de comunicación de masas privados cuyo propósito es normalmente manipular la opinión pública de acuerdo a sus intereses financieros antes que informar. Ellos merecen que les contemos nuestra historia y las razones por las cuales tuvimos que dejar nuestro país de origen, Chile, para llegar como refugiados políticos a Gales en el Reino Unido. Esta no fue una decisión fácil pero sí llena de fuertes emociones incluyendo angustia, temor como también el terrible sentimiento de dejar atrás a nuestra familia y a nuestros queridos compañeros con los cuales intentamos construir el socialismo en nuestro país.

Esta versión en castellano alberga también la esperanza de que algunos de nuestros amigos y compañeros de aquellos tiempos como algunos de sus hijos/as y nietos/as junto a aquella gran familia que fue parte de nuestros sueños y de nuestra lucha puedan ver el camino que hemos dejado atrás y al hacerlo vean los errores que cometimos como al mismo tiempo las profundas convicciones que dieron sentido a nuestras vidas durante aquellos años.

Hemos sido muy afortunados, al encontrarnos muy lejos de nuestro país de origen, y haber conocido a muchos amigos y amigas del mundo hispano hablante quienes nos han acompañado en nuestro camino en el exilio y con quienes también deseamos compartir esta historia. Con este propósito esta versión en castellano ha sido especialmente escrita pensando en nuestros amigos/as catalanes, andaluces, valencianos, vascos, madrileños como latino americanos.

Guardo la esperanza de que al leer este relato nuestros amigos, colegas como nuestros compatriotas galeses puedan comprender mejor nuestro pasado al tener acceso a una versión no oficial sobre la vida en Chile durante el gobierno pro-socialista de Allende y los efectos de la dictadura militar fascista de Pinochet. Cada historia como cada persona es única y esta es la nuestra con muchos errores y ojalá algunos aciertos.

Quienes hemos tenido la necesidad de buscar refugio en algún momento de nuestras vidas sabemos que ésta no es una opción fácil como tampoco enteramente libre.

Nunca hemos deseado ocultar nuestro pasado sobre las razones que nos empujaron a dejar nuestro país y nos trajeron a Gales, esta tierra que nos acogió pero al mismo tiempo tampoco hemos considerado necesario compartirla excepto cuando se nos ha pedido hacerlo.

Al sentir la llegada del otoño en mi vida sentí este llamado de querer recordar el camino recorrido. No quise correr el riesgo de quizás intentar contar esta historia demasiado tarde y por eso comencé a escribir estas memorias a través de estas líneas en mi idioma materno con el cual nos separamos ya hace más de cuarenta años.

Muchos de los compañeros y queridos amigos/as con quienes hicimos este camino ya se aproximan o han entrado al atardecer de sus vidas, razón por la cual he apresurado mi paso para culminar este proyecto. Desde la distancia física cancelada por su tangible presencia emocional me miran a los ojos de Licha quien me dice "que ya está viejita",Rogelio quien también recientemente me dijo "ya estoy viejito", Andrea, a quien ya los años le han disminuído sus deseos de comunicarse, Ernestina quien ya pasó los ochenta y cuatro años y siente el paso del tiempo y Lilian quien, haciéndose también mucho mayor, sin decirme nada me recuerda que todos ellos son los personajes de esta historia cuando creíamos que nuestra juventud como nuestra lucha por un mundo mejor eran eternas.

Este relato, de ninguna manera pretende ser un resumen completo sobre los diecisiete años de dictadura militar fascista de Pinochet en Chile desde el 11 de septiembre de 1973 hasta 1990. Difícilmente podría serlo cuando nosotros mismos vivimos bajo esta dictadura solamente durante sus primeros cuatro años. En este sentido esta es una historia incompleta la que reconoce que hoy en día los chilenos y el mundo entero saben mucho más sobre lo que ocurrió durante el Gobierno pro-socialista de Allende como también que se cometieron abusos igualmente o mucho más serios que los aquí narrados.

Tampoco este pretende ser un relato completo del gobierno de menos de tres años de Allende, que fue derrocado por la fuerza de las armas, sino que es solamente un testimonio estrictamente personal sobre siete años de mi vida durante un período de la historia de Chile en que los pobres y humildes de mi país comenzaron a ser tratados un poco más como seres humanos por un gobierno diferente, pero que, desgraciadamente no iba a durar por mucho tiempo.

Este testimonio tampoco pretende ser necesariamente representativo de lo que le sucedió a la mayoría de las víctimas de la dictadura en Chile sino que sólo es mi historia.

Bastante se ha publicado sobre éste período de la historia de Chile pero es necesario reconocer que aún hay muchos chilenos y chilenas que no han podido o han preferido no contar lo que sufrieron a raíz del golpe militar. Muchas de estas heridas no cicatrizan sino que con el paso del tiempo llegan a formar parte de la propia vida. Es algo así como el rostro arrugado de un anciano que pareciera decir mucho pero que solo él y nadie más que él sabe su significado.

Este relato, excepto en casos ya conocidos públicamente, no menciona los nombres de las víctimas de violaciones a derechos humanos por parte de los servicios de inteligencia de la dictadura militar y esto se hace simplemente por respeto a ellos y a sus familias.

Al contar esta historia mi intención no es promover sentimientos negativos o de revancha de ningún tipo en contra de individuos, instituciones o países, sino contribuir a rescatar la memoria histórica sobre lo que intentó construir el Gobierno pro -socialista del Dr. Salvador Allende y lo sucedido inmediatamente después del 11 de septiembre de 1973 en mi país natal, Chile.

Mi único interés al escribir este relato ha sido el compartir una experiencia personal con mis hijos, nietos, amigos y ojalá sus hijos/nietos, colegas, los jóvenes chilenos y de todo el mundo, de manera muy especial con el pueblo de Gales que nos acogió y nos brindó la oportunidad de poder recomenzar nuestras vidas en Swansea, gesto del cual estaremos eternamente agradecidos.

No es mi intención causar ofensa a nadie al publicar este relato pero si alguien se sintiese ofendido por esta publicación desde ya confieso que esta jamás ha sido mi propósito y ofrezco mis sinceras disculpas a quien pudiese sentirlo así.

Cualquier error contenido en este relato es solo de mi responsabilidad.

La comunidad chilena en Swansea, 1984
(Fuente: album familia Cifuentes)

Agradecimientos

Este relato no habría sido posible sin el generoso apoyo de mi amigo galés Meic Haines quien pensó que esta historia había que contarla y me dio ánimo para dar este primer paso.

Fueron el Servicio Universitario Mundial (WUS - UK), la comisión para refugiados de las Naciones Unidas (UNHRC), la Facultad Latino-Americana de Ciencias Sociales (FLACSO) y algunos valientes y generosos miembros del Gobierno laborista de la época como Judith Hart quienes nos brindaron la oportunidad de salir de Chile cuando huíamos de la represión militar y de llegar a Swansea, Gales, en el Reino Unido. Sin su apoyo, probablemente, nuestra historia habría sido muy diferente.

El llegar a un nuevo país en donde no sólo no se habla su lengua sino que pareciera ser completamente distinto desde casi todo punto de vista, no ha sido un desafío fácil. Felizmente este se hizo menos duro gracias al afecto y generosidad de nuestros amigos galeses, ingleses, irlandeses y escoceses como también de otras nacionalidades en Swansea. Ellos saben quiénes son y su afectuosa acogida nos ha enseñado que la amistad, como la solidaridad humana, no se congela ni por diferencias étnicas ni de idiomas ni culturales.

El trabajo es una condición que dignifica y da un sentido de identidad e integración social a toda persona. Gracias a nuestros propios esfuerzos como también a la confianza que depositaron en nosotros muchas personas que encontramos en este nuevo país y, en mi caso particular, muy especialmente mi amigo David Rees, mi compañera María Cristina y yo hemos tenido el privilegio de poder trabajar en Gales.

Mis colegas, además de ser tolerantes y pacientes al tratar de entender mí limitado inglés se han caracterizado por su aceptación y apoyo. Estos generosos colegas los he encontrado en la Universidad de Swansea, The Richmond Fellowship, The National Children's Home, Gorseinon College, los departamentos de sicología educacional de Rhondda y Neath-Port Talbot y, durante los últimos veinticinco y más años, en el Departamento de sicología educacional del Departamento de educación de la ciudad y condado de Swansea en donde he tenido el privilegio de trabajar con un equipo de sicólogos y personal administrativo de una alta estatura profesional, integridad, eficiencia, ecuanimidad y espíritu de equipo. A través de mi trabajo como sicólogo educacional he compartido con directores de escuelas, coordinadores de educación para jóvenes con necesidad de educación especial, profesores, asistentes y secretarias quienes siempre me han recibido con una actitud amistosa de aceptación, trabajo conjunto y apoyo lo que me ha hecho sentirme valorado y bien recibido.

Este relato jamás habría sido posible si no hubiese sido porque una larga e interminable noche, en Chile, inmediatamente después del golpe militar el 11 de septiembre de 1973, aquel aún no muy bien conocido pero no menos doloroso primer 9/11, cuando yo me encontraba detenido por el nuevo régimen militar, la compañera de mi vida, María Cristina, junto a otros tres compañeros, arriesgaron sus vidas para proteger la mía. A pesar de que la población en donde vivíamos estaba rodeada de soldados armados con metralletas en aquellas horas de toque de queda durante los primeros días después del golpe militar, estos compañeros se arriesgaron para evitar que las consecuencias para mi pudiesen haber sido peores.

No sé si alguna vez hubiese aprendido la generosidad y la compasión humana si no hubiese visto practicarlas desde mi temprana infancia a mi madre quien sin haber tenido acceso a una educación formal pero de manera alegre, con una sonrisa y actitud amable hacia todo el mundo, trabajó toda su vida de manera incansable para cuidar a sus hijos y ayudar a quien se le cruzara en su camino. Tampoco creo que hubiese llegado a tener el privilegio de creer en Dios si no hubiese conocido y compartido con mi querido padre Juan Hidalgo, el cura de mi pueblo, y las afectuosas y entusiastas religiosas Felipenses madres Victoria y Ernestina Garrido. No creo que tampoco podría haber llegado a comprender fácilmente que junto con rezar es también esencial luchar por la justicia social si no hubiese tenido la suerte de conocer y compartir con mi gran amigo y compañero Charles Condamines, ex sacerdote francés licenciado en ciencias sociales y políticas y uno de los fundadores del movimiento de cristianos por el Socialismo en Chile en los años 70, quien dio a los pobres de mi país valiosos años de su juventud.

A través del camino de nuestro compromiso social y político por construir una sociedad más justa conocí compañeros quienes, a través del tiempo y de nuestra lucha conjunta, han llegado a ser para mí algo así como los hermanos que uno elige. Estos compañeros/as no solo fueron consecuentes con sus principios socialistas sino que los cristalizaron en su testimonio personal diario de generosidad, entrega y cariño para con sus amigos, especialmente para conmigo mismo y mi familia. Entre ellos, vaya mi eterna gratitud a mis amigos y compañeros Luis Flores P. y Nora Parra B., quienes no solo nos han hecho sentir el exilio menos duro al dar apoyo y cariño a nuestros familiares dejados en Chile, especialmente a mi anciana madre con quien tuvieron la generosidad y nobleza de acompañarla tanto en vida como al momento de cerrar sus ojos. En esta familia de compañeros/as con quienes hemos hecho este camino hay también una pareja franco-chilena con quienes no sólo construimos juntos nuestros sueños socialistas sino que en una etapa difícil de mi vida cuando tuve problemas de salud me acogieron y cuidaron con cariño y apoyo incondicional en su hogar en Paris, Francia. Por respeto a su acostumbrada modestia no puedo revelar sus nombres.

Mis sueños, ideales y esfuerzos por construir una sociedad más justa los compartí con amigos y compañeros de mi universidad y de manera muy especial con mis amigos y compañeros/as pobladores de la población Arturo Prat en Talca, mis amigos/as con quienes vivimos en comunidad y especialmente mis compañeros Charles, Gloria, Nene, Elvira, Betty, Chabelita, María, Cristina, Ali, Angélica, Mónica Alicia, Oscar, Domingo, Manu y muchos más. Sin ellos esta historia simplemente no habría existido.

Durante nuestros años de lucha por una sociedad más justa en nuestro país, en la universidad de Chile - Talca creamos un grupo de compañeros - amigos, que, con el paso del tiempo y las difíciles circunstancias vividas durante la dictadura, nos permitió llegar a sentirnos como hermanos de tal modo que más de cuarenta años más tarde, continuamos apoyándonos y queriéndonos a pesar de la distancia, el tiempo y la dolorosa derrota de nuestros sueños socialistas. En aquellos días nuestros ideales políticos, junto a nuestros esfuerzos diarios conjuntos por hacer nuestros sueños realidad, forjaron lazos profundos de amistad y compañerismo más allá de partidos políticos y distintos períodos de nuestra historia. En cada grupo, siempre hay una chispa que enciende y ayuda a mantener este calor humano. En nuestro caso esta chispa emanó y continúa emanando de nuestro amigo y compañero Nelson Ortega Celis.

Cuando uno ha vivido fuera de su país de origen por un largo tiempo y especialmente por razones no elegidas, pequeñas cosas triviales de la vida diaria como el idioma materno, la cultura, los amigos/as, las comidas, las canciones y el pasado cobran una nueva dimensión especial, se agrandan y se hacen sentir de la manera que sólo lo saben quienes lo han vivido.

Afortunadamente nosotros hemos tenido el privilegio de poder contar con muy buenos amigos en Cataluña, Andalucía, Aragón, el País Vasco, Valencia y Madrid en España con quienes compartimos muchos aspectos culturales y al estar ellos más cerca de Gales nos han ayudado a amortiguar el exilio al darnos su acogida y afecto y de esa manera permitirnos acercarnos, aunque sea de manera temporal e indirecta, a nuestras raíces. Entre estos amigos guardan un espacio especial en nuestros corazones Pepa Melgar, Antonio González, Carme Marti, Joan Serdá y muchos otros amigos más que hemos ido encontrando en el camino. Ellos saben quiénes son y conocen nuestro afecto y gratitud hacia ellos. También vayan mis más sinceros agradecimientos a mis compañeros Brian Davies de Merthyr Tydfil, Historiador y ex Restaurador del Museo de Pontypridd, y Paul Eliott, ex dirigente sindical regional de UNISON, el sindicato de los trabajadores del sector público en Gales, quien solidarizó con el pueblo de Chile y brindó afecto y apoyo a muchos de los chilenos que llegaron a vivir a Swansea después del golpe militar. Ambos, Brian y Paul contribuyeron con los próximos capítulos de este libro.

Muchas personas amigas han tenido la generosidad en ayudarme a revisar las primeras líneas de este libro y sin su apoyo este proyecto habría sido mucho más arduo. Vayan mis más sinceros agradecimientos para Ana María Jones, profesora de literatura argentina de la Universidad Nacional de la Patagonia San Juan Bosco quien junto a su familia conoció muy de cerca los abusos de la dictadura militar Argentina durante los años 70 y nuestra amiga Lali Castellanos, periodista y actriz madrileña quien jugó un papel fundamental en traer la obra de teatro "Tejas Verdes", la cual ilustra los abusos del régimen fascista de Pinochet, a Swansea, Gales en 2011.

La vida tiene muchas vueltas. Cataluña Y España en los últimos años han presenciado la llegada de miles de hermanos latino-americanos intentando construirse un futuro. Muchos han sido recibido de una manera respetuosa y positiva como también muchos han encontrado una actitud de menosprecio y rechazo ilustrada en la expresión 'sudacas' olvidando de que cientos de republicanos fueron acogidos en Chile en un momento histórico que ellos lo necesitaban. En estas vueltas de la vida, aquí en Swansea, Gales, hemos presenciado la llegada de muchos jóvenes Catalanes y Españoles a quienes las políticas neoliberales de sus países les han cerrado su futuro y obligado a emigrar teniendo que dejar la tierra, familia y amigos que los vio crecer. Por estas extrañas vueltas de la vida mi familia ha tenido el privilegio de poder dar una mano como hermanos a algunos de estos jóvenes europeos. Uno de ellos, Gonzalo Silvestre, ha abrazado también esta historia y ha generosamente contribuido a revisar mis manuscritos.

De alguna manera y sin darme cuenta, mis hijos han representado una fuerza muy especial en mi vida. Por esto también vayan mis más sinceros agradecimientos a ellos Roció del Trigal y Aleri Gerald por haberme dado la fuerza para tratar de seguir siempre adelante en cada paso de mi camino y de manera especial por su paciencia al tener que vivir con un padre que siempre ha querido conservar sus raíces y que quizás a veces, sin quererlo, pudiera haberles hecho sentirse incómodos al no poder ni querer ocultar su condición de extranjero ni de refugiado político.

No quisiera cerrar esta parte sin hacer mención muy especial del inmenso apoyo que he recibido de mi hermosa hija Rocío del Trigal quien desde el comienzo hasta el final ha jugado un papel fundamental en revisar, corregir y comentar sobre mis manuscritos, además de haber hecho la traducción para el libro en Inglés el cual ha sido muy bien acogido en Swansea en donde han sido vendido más de 400 ejemplares. Ha sido, para mí, algo más que hermoso, sentir el cariño y apoyo incondicional no sólo en la edición de este libro sino que a través de toda mi vida.

La presentación de este libro en Chile ha sido posible gracias al cariño y apoyo imperecedero de parte de compañeros y amigos quienes hicieron esta historia posible y en el atardecer de nuestras vidas deseamos escribir estas huellas. Vayan mis más sinceros agradecimientos para Luis N Flores, Nelson Ortega C, Angélica Galarce T, Teresa López Normita Muñoz y Gloria Lepe. Al mismo tiempo vayan mis agradecimientos para con el Colegio de Asistentes Sociales de Chile, la Comunidad de Chilenos ex residentes en Swansea, mis compañeros y amigos de la ex Población Arturo Prat en Talca y los compañeros y amigos con quienes luchamos por un Chile mejor en Talca.

Finalmente, mi gratitud eterna a María Cristina, mi compañera de toda la vida con quien he compartido mis aciertos como también mis errores y posiblemente es a quien, en gran parte, debo todo lo que soy.

Swansea y el Comercio del Cobre Chileno

Brian Davies

El 5 de Agosto de 2010, treinta y tres mineros chilenos quedaron atrapados 720 metros debajo de la tierra a causa de un derrumbe por 70 días en la mina de cobre y oro San José en la ciudad de Copiapó en el norte de Chile. Alrededor de 1.3 billones de televidentes a través de todo el mundo miraron este emotivo acontecimiento el cual terminó con todos ellos siendo rescatados vivos. Este evento recordó que Chile es uno de los principales productores de cobre en el mundo y que el cobre es el principal producto de exportación de Chile. Al mismo tiempo, es importante recordar también que Chile y Gales comparten una historia a través de su conexión con el cobre. En un tiempo, Swansea fue el centro del comercio de la minería del cobre el cual conectó la industria del sur de Gales con la costa del Pacifico de América Latina.

Si Ud viaja en auto a Swansea por la calle de la costa, desde Briton Ferry Ud probablemente verá 'The Cape Horner' un 'pub' el cual solo abrió sus puertas en 1963 pero que es ahora una de las pocas reliquias del comercio de la minería del cobre el que por medio siglo puso en contacto a Swansea con la costa del Pacífico de América Latina.

El comercio simbolizado en el barco llevando mineral de cobre en alta mar en la pared del 'The Cape Horner' alcanzó su máxima expresión en los años 1860 y 1870's. Embarcaciones originales de madera, la mayoría de sólo 400 a 600 toneladas, traían mineral de cobre desde Valparaíso, Antofagasta, Coquimbo y otros puertos pequeños Chilenos y regresaban con carbón. Los Baths, una familia de Falmouth que llegó a Swansea en los años 1820 mandaron a construir sus embarcaciones en Bideford. La familia Richardsons, quienes también se asentaron en Swansea durante aquel tiempo, construyeron sus veleros en el mismo recinto portuario en el Puerto Norte. Algunas de estas embarcaciones eran verdaderas 'chalupas'. La embarcación Magnet zarpó desde Swansea a Valparaíso en 69 días, y el Pacífico, de propiedad de la empresa Richards, Powers & Co de Swansea, estableció un 'record' no vencido por otra embarcación - desde Barrow a Valparaíso en 68 días.

De todos los largos viajes marítimos del siglo diecinueve el trayecto de cobre/oro era posiblemente el peor porque el Cabo de Hornos tenía que ser negociado en ambas direcciones. Estos viajes marítimos de ida y vuelta de hasta nueve meses produjeron muchas historias de aventura, desastre e incluso motines, como al mismo tiempo una bella historia de una villa al lado del mar - 'El Viejo pueblo de Swansea'. Durante esos años Swansea tenía más embarcaciones que ningún otro Puerto en en Canal de Bristol, y de esta manera dominaba el comercio Chileno, de tal manera que, se dice que un capitán Americano preguntó si Swansea era dueño del maldito Pacífico.

Este capítulo a menudo ignorado en la historia industrial del Sur de Gales muestra cuan imposible es considerar nuestra historia de manera aislada. La industria del cobre en Swansea y sus alrededores se remonta a los finales del siglo dieciséis cuando técnicos especialistas y financieros estuvieron envueltos en el establecimiento de un monopolio estatal Inglés el cual instaló faenas en Aberdulais para derretir cobre desde Cornwall. Esto mostró un futuro incierto, pero en el siglo dieciocho la creciente demanda de cobre y productos metálicos llevó a un número de empresarios de Londres, Bristol y Birmingham a establecer depósitos de derretido alrededor de Swansea. John Hoblyn y Partners, quien construyó los talleres de Cobre de Roca Blanca en los años 1740, era originalmente de Bristol. Chauncy Townsend quien construyó los talleres en el 'Middle and Upper Bank' era de Londres. Un tonelaje más grande de carbón se usó en el proceso de derretimiento comparado con el de cobre-oro, de tal modo que era más barato transportar el oro que el carbón y viceversa, y el derretimiento de cobre llegó a ser la mayor industria que usó las reservas de carbón del Sur de Gales.

Las principales fuentes de cobre-oro eran Anglesey y Cornwall, y el capital de ambas áreas mineras se trasladó a Swansea. Thomas Williams, financiado por los dueños de las minas de Anglesey, compró los talleres de Middle Bank en 1788; John Williams el principal empresario de derretimiento de oro de origen Cornualés se instaló en Swansea en 1822; John and Richard Vivian, propietarios mineros de Cornwall, comenzaron sus talleres en Hafod en 1810 y pronto llegaron a ser los más importantes comerciantes de cobre en el Sur de Gales. La segunda compañía más grande, Foster, Williams & Co era una asociación de comerciantes de Cornualles y Londres.

Generalmente la mayor parte del metal derretido en Gales se usó en la manufacturación de artículos domésticos - teteras, ollas, botones de metal, hebillas de cinturón, cerraduras y piezas de gasfitería. A fines del siglo dieciocho una cantidad mucho mayor se usó para fines industriales -tubería, máquinas destiladoras, planchas de cobre para barcos, piezas para motores a vapor, partes para maquinaria de fábrica y calentadores de azúcar para las plantaciones de esclavos de las Indias del Oeste. La producción para el comercio de esclavos alcanzó su esplendor en los años 1770, en la forma de embobinados de cobre, alambre, y manillas empleadas como dinero para la compra de esclavos. Hasta los años 1820 estos mercados, locales e internacionales, eran abastecidos con cobre producido principalmente de oro Británico. Esto cambió rápidamente en los años 1830 y 40's. Grandes cantidades de oro de Cuba fueron transportadas a los terrenos del cobre en Landore, pero esta fuente pronto fue superada por Chile, en donde habían sido descubiertos depósitos de cobre por, entre otros, Richard Trevithick, constructor del la locomotora a vapor y fabricante de carabinas para Simón Bolivar. Esta fue la base de la expansión de la industria en los años 1850 y 60's la cual gracias al derretimiento de cobre convirtió a Swansea en el centro del mundo.

Chile había ganado su independencia de España a los comienzos del siglo diecinueve con ayuda Británica, y dentro de unas pocas décadas la capital Británica pasó a controlar la economía Chilena. En la segunda mitad del siglo diecinueve el comercio marítimo Chileno fue monopolizado por la compañía Británica Pacific Steam, y todo el comercio Chileno de importancia fue controlado por mercaderes Británicos. La industria del cobre fue la nota principal de aquel tiempo. El capital Británico se trasladó a la minería del cobre, agentes comerciales Británicos controlaban la producción, y los chilenos se quejaban de que sólo un pequeño grupo de refinadores en Swansea tenían el poder para subir y bajar el precio del cobre como se les diera la gana. Cuando Chile trató de poner un impuesto a la exportación de cobre el Departamento de Relaciones Exteriores británico intervino para evitarlo. El tipo de comercio era tal entre los países imperialistas, colonias, y el capital británico intervenía en la política Chilena para asegurarse que la dominación económica continuara.

La primera verdadera amenaza al imperialismo Británico tomó lugar en 1886 con la elección del Presidente José Manual Balmaceda, un nacionalista liberal que trató de disminuir el control Británico sobre la economía Chilena y promovió el desarrollo económico nacional del país. Las clases dominantes Chilenas, vinculadas al capital Británico comenzaron a quejarse del "desperdicio de dinero público"; con abogados pagados por John North, un magnate del nitrato, Inglés, organizó la oposición a Balmaceda en el Congreso chileno, y usando tácticas las cuales fueron repetidas contra Salvador Allende ochenta años más tarde, el Congreso se negó a aprobar los impuestos y cuestionó a los ministros de Balmaceda. En Enero de 1891, la Armada chilena, cuyo oficiales recibían entrenamiento británico, dirigieron una rebelión contra el presidente electo. North donó £100,000 para financiar la Guerra Civil, el Banco Edwards de Santiago, fundado por un hombre galés, cubrió la mayor parte de los otros gastos. Barcos Británicos transportaron provisiones para los rebeldes. El Diario el Times justificó todo esto diciendo de que Balmaceda era un comunista.

Swansea importaba cobre pero también exportaba sus conflictos sociales. Los años 1840 fueron un punto central en la historia de Gales, así como los conflictos de los años veinte y treinta- los años del Scotch Cattle, y los levantamientos de Merthyr y Newport se evaporaron de la memoria. Las causas de estos conflictos - bajos salarios, condiciones de trabajo atroces, condiciones primitivas de vivienda e higiene ambiental- fueron progresivamente mejoradas, solo para reaparecer al otro lado del mundo de una manera mucho más aguda en industrias de propiedad de los mismos dueños.

El movimiento sindical Chileno solo emergió en los años 1890 y comienzos de 1900. Para ese entonces el comercio del cobre en Swansea ya había pasado su auge, pero el capital británico aún controlaba la industria del nitrato chileno. En 1907 en la ciudad de Iquique entre 1000 y 3000 trabajadores del nitrato fueron acribillados por el ejército mientras protestaban por las condiciones de trabajo en las minas. Las demandas de estos trabajadores del nitrato a los comienzos de 1900 eran esencialmente las mismas que las de los trabajadores del sur de Gales setenta años antes - el derecho a formar un sindicato, condiciones de trabajo adecuadas y la abolición del sistema de trueque. La sociedad galesa, como la sociedad británica en su totalidad, alcanzó una estabilidad política relativa en la segunda mitad del siglo diecinueve a través de la exportación de capital y la explotación de los pueblos de lo que ahora se llama el 'Tercer Mundo'.

El monopolio del cobre Chileno por parte de Swansea terminó en los años 1880. La apertura del canal de Panamá dio a las empresas de derretimiento norteamericanas una ventaja crucial, y al mismo tiempo nuevas minas españolas se convirtieron en una fuente de abastecimiento mucho más fácil. El último cargo de cobre-oro chileno a Swansea fue embarcado en 1899.

En el Siglo veinte, Gran Bretaña ha sido reemplazada por los Estados Unidos como el mayor poder imperialista en América Latina. Sin embargo, la participación británica continúa siendo importante. Poco antes de la elección presidencial de 1970, la cual resultó en la victoria de Salvador Allende, el Diario el Times publicó un suplemento especial sobre los intereses Británicos en Chile, incluyendo, entre otros, las compañías Shell, British Leyland, Unilever, el Banco de Londres y Sud América, GEC-AEI, Dowrty Mining Equipment and South Wales Switchgear. Durante los tres años de la Unidad Popular el diario el Mercurio, el principal diario de derecha de la oposición al Gobierno, era aún de propiedad de la familia Edwards. Después del golpe militar, Sir Alec Douglas-Home, en aquel entonces ministro de Relaciones Exteriores, justificó el reconocimiento del Gobierno Británico al régimen fascista de Pinochet diciendo que "nos permite servir los intereses de los individuos y compañías" existentes en Chile.

Es una coincidencia de que en los años siguientes al golpe militar la mayoría de los exiliados chilenos en Gales se radicaran en Swansea. Sin embargo, si examinamos nuestra conexión con el pasado y presente de Chile debería estar claro de que su lucha es verdaderamente nuestra lucha.

El barco de cobre Delta, construído en 1865, propiedad de Henry Bath of Swansea (Fuente: Walesonline)

Ruinas de la fábrica de Cobre en Swansea, 2012 (Fuente: Southwales-eveningpost.co.uk)

La Comunidad de Chilenos en Swansea

Paul Elliot

Swansea y Gales brindaron una cálida bienvenida a los chilenos llegados a esta tierra después del golpe militar, posiblemente porque, sabían que eran refugiados políticos que habían apoyado al Gobierno pro-Socialista de Allende y que eran un grupo pequeño de estudiantes y acádemicos universitarios que venían con una beca proveída por el Servicio Universitario Mundial lo que no los hacía dependientes de la Seguridad Social. En aquellos días la gente de Swansea y Gales les mostró aceptación y solidaridad.

El Servicio Universitario Mundial era una organización mundial de caridad que brindaba apoyo a estudiantes y acádemicos victimas de persecución política o religiosa en cualquier rincón del mundo. Al momento del golpe militar en Chile esta organización en el Reino Unido tuvo la suerte de ser apoyada por algunos valientes y generosos políticos laboristas quienes lograron re-dirigir la ayuda financiera exterior del Reino Unido originalmente destinada al gobierno de Chile, y en este caso en ese entonces a la Junta Militar, al Servicio Universitario Mundial en el mismo país. Este hecho, junto al apoyo del Alto Comisionado Para los Refugiados de las Naciones Unidas, la campaña de solidaridad con Chile y el movimiento sindical británico crearon las condiciones ideales para recibir y apoyar a los chilenos que venían huyendo de la represión del regimen militar de Pinochet.

Entre 30 y 40 jóvenes familias chilenas llegaron a Swansea. La mayoría de ellos estudiantes universitarios acádemicos que habían logrado salir de su país bajo diferentes circumstancias. Algunos habían sido directamente expulsados del país desde la cárcel y otros lograron escapar la represión de los servicios secretos de la dictadura a través de todo el país. La comunidad de chilenos en Swansea representaba una amplia sección de los partidos de izquierda perseguidos por la dictadura. Este grupo procedía de diferentes ciudades y pueblos a la lo largo y ancho del país.

La vida diaria de esta comunidad de chilenos en Swansea fue absorbida por el aprendizaje del nuevo idioma y su cultura, sus studios universitarios y sus jóvenes familias. Sin embargo, estos jóvenes no renunciaron a su compromiso de preparar su regreso a Chile para continuar la resistencia al régimen militar. Sus demandas por boicotear al régimen de Pinochet alcanzaron su nivel más alto cuando las protestas locales por los desparecidos en Chile culminaron en una huelga de hambre en el edificio de los Quakers en Swansea.

Además de su compromiso político, estos chilenos hicieron una contribución positiva para Swansea y la vida en Gales, en diferentes aspectos incluyendo música latino Américana, poesía, baile, castellano, comida chilena, especialmente empanadas y competencias de futbol multiculturales en los campos de deportes de la Universidad en Fairwood.

El alto nivel de conciencia política de esta comunidad fue puesto de manifiesto cuando mostró solidaridad con los mineros del sur de Gales y su larga huelga a mitad de los años 80 durante el Gobierno Conservador de Margaret Thatcher. Es muy interesante tener presente que las demandas de los mineros galeses durante aquel tiempo eran las mismas que las de los mineros chilenos.

Una joven pareja chilena con una menor de solo un año de edad habían sido perseguidos y expulsados de la universidad solo unos meses antes de su graduación como trabajadores sociales. Uno de ellos fue encarcelado y torturado por el régimen fascista. Su historia personal, relatada en este libro, ilustra algunos aspectos de la vida en Chile durante un tiempo de euforia por los cambios sociales y la justicia social y, al mismo tiempo, después del golpe, un tiempo de miedo, dolor, represión y violación de los derechos humanos durante una de las dictaduras militares más cruentas que hayan existido en América Latina.

Bailarinas en el Centro Dylan Thomas en Swansea, durante el popular festival de cultura LatinoAmericana organisado anualmente desde 2007 a 2011 por la Asociación Latinoamericana de Swansea
(Fuente: alas.org.uk)

La Historia se Repite

A finales del siglo 19 minería de cobre se traía desde Valparaíso, Antofagasta y Copiapó en Chile a Swansea en Gales. Un siglo después, refugiados políticos chilenos de estas mismas ciudades llegaron a Swansea. ¿Quien sabe si quizás los nietos de los mineros chilenos explotados por el capital británico llegaban a Swansea para saldar las cuentas de sus antepasados con sus antiguos patrones?!

Brian Davies nos recuerda en su artículo que no vivimos aislados sino como parte de un sistema global, interconectado en donde todos los países se influencian mutuamente en un sin número de maneras. De la misma manera así como Swansea importaba minería del cobre desde Chile, Gran Bretaña también exportaba sus conflictos sociales al imponer condiciones de trabajo explotadoras e inescrupulosas a los mineros chilenos.

En los años 1960 y 1970 una generación de chilenos intentó de una manera muy radical tratar de construir una sociedad más justa, es decir una sociedad socialista, dirigidos por el democráticamente elegido presidente Dr Salvador Allende. Un sangriento y brutal golpe militar tomó lugar el 11 de Septiembre de 1973 dirigido por el General Augusto Pinochet, apoyado por empresas multinacionales y el Gobierno Norteamericano de Nixon destruyó estos anhelos. La represión brutal después del golpe militar obligó a más del 10% de la población a tener que dejar su país bajo distintas circunstancias. Alrededor de 2000 refugiados políticos chilenos recibieron asilo en Gran Bretaña. Entre 30 a 40 de estos refugiados llegaron a Swansea en Gales.

Como dicho por Paul Elliot en su artículo, en los

años 1980, la comunidad chilena-galesa apoyó firmemente la lucha de los mineros galeses en contra del Gobierno Conservador de Margaret Thatcher. La represión a los mineros galeses en los años 1980 por el capital internacional británico representa una repetición de las escandalosas condiciones impuestas a los mineros chilenos un siglo antes por parte del esencialmente mismo enemigo.

Poblaciones o Campamentos en Chile
(Fuente: Wikipedia Commons / Rioonwatch)

El Viaje Comienza: De Sacristán a Activista

La vida va y viene y muchas veces se mueve de manera inesperada mezclando lugares, distancias, tiempos, gentes, lenguas y culturas como las aguas de muchos ríos en su destino común hasta encontrarse en el mar.

En el momento de comenzar a escribir este relato la historia me recuerda que durante los años 1936-37 muchos jóvenes brigadistas internacionales galeses como Edwin Greening y Alun Menai Williams [1] desde Aberdare y Rhondda partieron a Albacete en España para apoyar la lucha del pueblo republicano español por construir su propio destino desafiando al fascismo del General Franco y sus aliados. Cuarenta años más tarde Gales abrió sus puertas a los que huíamos persecución política. Gales, después de todo y a pesar de su frecuente lluvia pareciera no ser un lugar tan malo donde vivir.

Había terminado de dar una charla sobre los abusos de la dictadura militar fascista de Pinochet en Chile en los años 70 a los estudiantes del último curso en el colegio secundario Galés YGG Gwyr en Swansea donde había sido invitado por una de las maestras con el propósito de ilustrar la lectura sobre el libro '*Hablando en Susurros*' [2], el que habla sobre como transcurría la vida en Chile bajo la dictadura militar. Al final de mi charla la maestra se me acercó y me susurró al oído

---

[1] Edwin Greening, *From Aberdare to Albacete. A Welsh International Brigader's Memoirs of his Life*, Warren & Pell 2006. Alun Menai Williams, *From the Rhondda to the Ebro. The story of a young life and its survival in the first half of the 20th century*, Warren & Pell 2004.

[2] James Aston, *Talking in Whispers*, Collins 1986.

diciéndome: "tienes que escribir esto, no te lo puedes guardar solo para ti, tiene que saberlo toda la gente de Swansea y Gales". Las palabras de la maestra Beynon junto con mis recuerdos de mis compañeros caídos me quedaron penando por años no solo en mis oídos sino también en mi conciencia con tal fuerza que me instaron a tratar de componer ésta historia.

Este es un relato personal que ilustra las circunstancias que empujaron a aproximadamente dos mil chilenos a buscar asilo político en el Reino Unido durante los años 70-80 [3] como consecuencia del golpe militar dirigido por Augusto Pinochet en Chile el 11 de septiembre de 1973 y que derrocó violentamente al gobierno democrático y constitucionalmente elegido del presidente Dr. Salvador Allende. Aproximadamente sesenta de estos chilenos tuvimos el privilegio de poder llegar a Swansea en donde la gran mayoría, gracias al Servicio Universitario Mundial, pudimos continuar nuestros estudios en la universidad de Swansea en Gales.

En 1970, antes de la elección del gobierno pro-socialista de la Unidad Popular presidido por Salvador Allende, yo tenía 21 años y probablemente como la gran mayoría de los jóvenes de mi edad, en aquel tiempo, era un joven provinciano, católico, conservador, ingenuo y apolítico. Mi vida en esos días giraba en torno a las actividades de la juventud de estudiantes católicos (JEC), lo que venía haciendo ya desde hacía algunos años cuando visitábamos a los enfermos en el hospital y a los presos en la cárcel además de participar en retiros/ejercicios espirituales y ayudar a celebrar

---

[3] Wikipedia. *Latin American migration to the UK. The Central and South American Community in London.*

misa al cura párroco de nuestro pueblo.

Comencé a estudiar Trabajo Social en la universidad de Chile con sede en Talca. Allí me integré al movimiento de estudiantes universitarios católicos (MUC) en donde conocí a un sacerdote francés llamado Charles Condamines, recién llegado a Chile y quien ejercería una importante influencia en mi vida futura. Junto con mis amigo/as del MUC y guiados por Charles decidimos formar una comunidad de vida y nos fuimos a vivir a una población marginal de trescientas sesenta familias en las márgenes de la ciudad de Talca. Tomamos esta decisión motivados por nuestra fe cristiana y el deseo de practicarla en medio de la gente de menos recursos de nuestro país. Iniciamos éste camino en un período en el que Chile comenzaba a vivir importantes cambios después de la elección de Allende, el cuatro de septiembre de 1970. Sin embargo, nuestra decisión no estuvo determinada por la llegada del nuevo Gobierno de la Unidad Popular (UP) ya que, en aquel entonces, mis amigos/as y yo no teníamos ningún interés en asuntos políticos. Aquella decisión en aquel momento histórico del país, marcaria nuestras vidas futuras de una manera muy difícil de imaginar en aquel momento.

En esta población marginal, casi sin darme cuenta, comencé a experimentar una transformación personal casi imposible de preveer. Después de vivir algún tiempo allí con los pobladores y sus familias y tener la oportunidad de conocer más de cerca el diario vivir de los niños y la gente de ese lugar, comencé a formarme una idea más realista sobre la manera cómo vivían alrededor de seiscientas mil familias en Chile que no tenían casa en el país. Sin haberlo pensado, ni proponérmelo, comencé a dedicar mi diario vivir más a las necesidades de la gente en la población en donde ahora vivía que a mis propios estudios en la universidad. Especialmente apoyaba la organización de los pobladores para luchar de una manera más efectiva para conseguir una vivienda digna, en otras palabras, un techo en donde poder vivir.

En este caminar iniciado por una motivación cristiana como joven apolítico, comencé a despertar y a tomar conciencia de que el Gobierno de la Unidad Popular dirigido por su presidente Dr. Salvador Allende engrandecía las esperanzas de mis compañeros de la población y fue así como comencé a pensar que una sociedad más justa no sólo era posible sino necesaria. De forma espontánea comencé a pensar que estudiar era menos importante que impulsar cambios estructurales para construir una sociedad más justa y más inclusiva. En otras palabras, pensaba sobre ¿cuál sería el valor de obtener un título de Asistente Social cuando la gente pobre y con necesidades básicas insatisfechas continuaría de la misma manera? ¿Y cómo se podría pensar de una manera diferente cuando se está viviendo en el centro de tantas necesidades básicas en las vidas de las personas con las cuales comparto cada día?

De nuevo, sin darme cuenta, de apolítico me transformé en político, aunque de una manera menos convencional a la del político tradicional y traté de no aceptar un 'no' como respuesta a las necesidades de la gente de mi población. Comencé a tomar conciencia de que para conseguir un futuro mejor para los pobres del país era esencial apoyar a Allende y a su gobierno y al mismo tiempo empujarlo a avanzar más. A través de este camino traté de hacer un aporte a la organización de la gente sin casa apoyando tomas de terrenos con el propósito de conseguir un techo donde poder vivir.

Al comienzo de los años 70 algo nuevo comenzaba a nacer en Chile: era la llegada del Gobierno de la Unidad Popular con su líder el Dr. Salvador Allende que proponía construir una sociedad menos desigual, más justa, una sociedad socialista a través de una vía constitucional, democrática, pacífica y legal, lo que jamás ningún otro país había podido lograr [4].

El nuevo Gobierno de la Unidad Popular presidido por Allende era un gobierno que se proponía cambios radicales para la vida de la mayoría de los chilenos, y esto, inevitablemente, amenazaba los intereses económicos de la oligarquía nacional y las compañías multinacionales extranjeras con grandes inversiones en la economía chilena. Este nuevo Gobierno de la Unidad Popular ponía en riesgo la hegemonía geopolítica de los EEUU en esta región que siempre había considerado Chile y Latinoamérica como su patio trasero[5] dentro del contexto de la guerra fría cuando disputaba el control del cono sur con la Unión Soviética.

El Gobierno de Allende comenzó a introducir cambios estructurales en la economía del país como por ejemplo la reforma agraria y la nacionalización del cobre la cual fue aprobada por unanimidad por el Congreso chileno [6]el 11 de julio de 1971 y el que hasta entonces había estado en manos de grandes compañías norteamericanas a las cuales se les otorgó una compensación financiera.

---

[4] Programa de la Unidad Popular, 1969.

[5] Contra Injerencia, 18.04.13. John Kerry, Secretario de Estado de EEUU.

[6] Chile: Breve Imaginaria Política 1970-73.

El programa de Gobierno de la UP devolvía el control de los recursos nacionales a las manos de los chilenos. Al llegar a la presidencia Allende introdujo un programa de cuarenta medidas populares dirigidas a satisfacer necesidades básicas inmediatas en favor de la población[7]. Entre algunas de estas medidas Allende decidió dar medio litro de leche diaria gratis como ración para todos los niños de Chile, matrícula escolar gratis, libros, cuadernos y útiles escolares sin costo, para todos los niños de la enseñanza básica, dar desayuno a todos los alumnos de la enseñanza básica y almuerzo a aquellos niños cuyos padres no se lo podían proporcionar; instalar consultorios materno-infantiles en todas las poblaciones del país y pago inmediato y total a los jubilados y pensionados. Obviamente estas medidas ilustraban claramente las prioridades del nuevo gobierno que intentaba reducir el abismo de desigualdad social y económica entre los chilenos.

Este nuevo gobierno ponía término al abuso de los recursos fiscales por funcionarios públicos inescrupulosos que acostumbraban a usar sus cargos en beneficio propio. Había llegado el fin de la asignación de sueldos millonarios a asesores pagados sin ningún control gubernamental, viajes de lujo al extranjero por funcionarios públicos pagados con dinero fiscal y uso de vehículos fiscales para uso privado o de diversión. El nuevo Gobierno pro - socialista sabía muy bien el tipo de sociedad que deseaba construir al también decidir poner fin a la especulación y no autorizar más impuestos sobre los alimentos, dar casa, luz, agua potable para todos y el proveer medicina gratuita en los hospi-

---

[7] Elgueta Becker, Belarmino.2003 '*La Coartada Politica del Golpe*'. Revista Punto Final, Chile, Edición No 552.

tales. Sí, esta era la verdadera cara de este nuevo gobierno que para la derecha política chilena era percibido como la cara del 'comunismo' pero para los trabajadores y los pobres del país representaba un serio intento por construir una sociedad menos desigual y con oportunidades para todos los chilenos.

Lo que para los partidarios de Allende era una aspiración legítima aprobada democráticamente en las urnas el 4 de septiembre de 1970 cuando ganaron la elección presidencial con un 36.5 % de los votos, para sus opositores, la derecha política, la que representaba a la clase alta de Chile, era una pesadilla pues para ellos esto era la llegada del 'comunismo' y así de esta manera trataban de alarmar a la población. ¿Y cómo podrían haber pensado de modo diferente si antes y durante la elección presidencial todos los medios de comunicación de masas privados, prensa, radio y televisión en manos de la derecha habían orquestado una campaña de amedrentamiento advirtiendo a los chilenos de no elegir a un gobierno 'comunista'? Esta táctica manipuladora e intervencionista fue ilustrada en un comunicado de prensa de la Casa Blanca del gobierno norteamericano emitido en noviembre del 2000 el cual reconoció que "las acciones aprobadas por el gobierno norteamericano durante este periodo agravaron la polarización política y afectaron la larga tradición de elecciones democráticas en Chile"[8]. Aún antes de la elección de Allende, Henry Kissinger, ministro de relaciones exteriores del gobierno norteamericano en aquel tiempo, declaró públicamente:

"No veo por qué tenemos que permanecer pasivos y

---

[8] Informe Church del Senado Norteamericano del año 1975 '*Accion Encubierta de Estados Unidos en Chile 1963 – 73*'.

mirar como un país pasa a ser comunista debido a la irresponsabilidad de su propia gente"[9].

Esta campaña fue ilustrada en Chile con la publicación masiva de un afiche gigantesco a color y muy profesional desplegado en cada rincón del país con la foto de una madre chilena con su bebé en brazos haciendo esta pregunta:

"Mujer chilena ¿quieres que te quiten tu bebé y lo manden a la Unión Soviética?". Esto, según la derecha política chilena, era su manera de hacer una campaña electoral perfectamente democrática sabiendo muy bien que sus intenciones eran manipular a los sectores más vulnerables de la población ya "educados" por años contra el 'comunismo'.

Antes de que Allende fuese oficialmente proclamado presidente legal y constitucionalmente elegido por el pueblo de Chile, una vez que ganó la elección, la derecha y sus seguidores, con el apoyo de los Estados Unidos y la agencia norteamericana de inteligencia (CIA) ya se habían propuesto eliminarlo de la manera más rápida y efectiva posible ya que para ellos Allende representaba una amenaza muy seria. El evento más publico que puso en evidencia las verdaderas intenciones de la derecha política chilena en aquel entonces fue ilustrado por el asesinato de René Schneider, Comandante en jefe del Ejército de Chile el 22 de octubre de 1970 cuando intentaron secuestrarlo por haberse negado a sumarse al plan golpista para desplazar a Allende de la presidencia del Gobierno[10].

En los años 70, yo, como muchos jóvenes de mi edad,

---

[9] Branfman, Fred, 2013, '*Top 10 most inhuman Kissinger quotes*'.

[10] Garcia, Patricio.1979 '*El Caso Schneider Operacion Alfa*'. Santiago de Chile. Quimantu.

no teníamos interés en asuntos políticos y, a mi manera, me autodefinía como "apolítico "sin darme cuenta que, esencialmente, tenía una mentalidad muy conservadora. Pensar de esta manera quizás era normal en aquellos tiempos en un pequeño pueblo tradicional y conservador en la zona central de Chile caracterizada por su economía agraria en manos de un puñado de latifundistas. Allí, en aquel tiempo, ser conservador y sin darse cuenta, de derecha, era tan normal como ser católico simplemente por el hecho de haber nacido en Chile.

'Jecistas' en San Javier, 1967. Izquierda a derecha: José Hernán Cifuentes, Héctor Valdés, José Sepúlveda (Tano) (Fuente: album familia Cifuentes)

JEC San Javier, 1966: Madre Victoria, Hector Valdés, Madre Ernestina, José Hernán Cifuentes, y sentado: mentor Señor Cisternas

Seis amigos JEC en 1966: José Sepúlveda (Tano), Mario Salgado, Hector Valdés, José Manuel Gaete, Francisco Trullén (Pancho) & José Hernán Cifuentes (Fuente: album familia Cifuentes)

Mí 11 de septiembre

De esta manera cuando los pobladores comenzaban a levantar los cercos para iniciar la construcción de lo que sería su nueva población y por tanto sus primeras casas en su vida, un 11 de septiembre de 1973, una llamada desesperada marcó el comienzo de lo que temíamos llegar: "Compañeros, compañeros, golpe militar, golpe militar, arranquen o si no los van a matar". Era Domingo, nuestro compañero poblador, desesperado alertándonos que debíamos huir rápido porque había habido un golpe militar y nuestras vidas estaban en peligro. Domingo era un honesto, generoso y modesto obrero que trabajaba largas y mal pagadas horas en una fábrica de aceite local. El se había ilusionado en que podríamos crear un Chile mejor.

Desde aquel entonces comencé a conocer lo que significaba vivir en la clandestinidad bajo una dictadura militar. Escuché los ruegos angustiosos de mi madre para que me entregara a las nuevas autoridades militares con la esperanza ingenua de que me podría salvar la vida. Recibí las dolorosas noticias sobre el asesinato a sangre fría de muchos de mis compañeros de ideales, la tortura, la cárcel y el exilio. Aquel 11 de septiembre mis sueños, junto con los sueños de millares de chilenos más, se habían estrellado contra la fuerza de las balas, los tanques y la bota militar fascista.

Fui encarcelado y mis modestas amigas/os pobladores me ayudaron a salir de la cárcel, me cambié de nombre y de ciudad para tratar de evitar que me volvieran a detener. La secretaria del obispo de Talca, una religiosa norteamericana se apiada de mí y me ayudó a trasladarme a Santiago donde Mo, otra religiosa amiga suya, me ofreció la posibilidad de comenzar a trabajar como Trabajador Social para el Comité Pro Paz, el cual acababa de crearse y sería el único organismo público en donde se podían denunciar las violaciones de derechos humanos después del golpe militar.

Allí, a través de mi trabajo en el Comité Pro Paz, escuchando diariamente a los familiares de las víctimas de la represión comencé a darme cuenta de que la crueldad humana pareciera no tenía límites, de la misma manera como después la vida me enseñaría que la solidaridad tampoco pareciera tener fronteras. Empecé a conocer de muy cerca, por sus propias bocas y las de sus familiares las historias de los despedidos de sus trabajos, los expulsados de las universidades, los perseguidos políticos, detenidos, torturados, desaparecidos y ejecutados.

Nuestra hermosa hija Rocío del Trigal nació sin saber al mundo que llegaba y con un solo mes de vida tuvo que pasar a la clandestinidad con sus padres después de una nueva redada de la policía secreta (Dirección de inteligencia nacional - DINA) quien nos perseguía. Me despidieron de mi trabajo por considerarme un problema para su imagen pública. Era consciente de lo que le podría ocurrirle a nuestra hija recién nacida y a nosotros, sus padres, si nos lograban detener. Sufría por el sólo hecho de pensar en la posibilidad de tener que abandonar mi país, mi familia, amigos y compañeros. Finalmente, en medio de fuertes y contradictorias emociones, lo hice con la ayuda de Flacso (Facultad latino americana de ciencias sociales), el Servicio Universitario Mundial (WUS) con sede en Londres y el Alto Comisionado para Refugiados de Naciones Unidas.

Llegamos a Londres con mi compañera y nuestra hija de un año de edad un día siete de septiembre de 1977, ingenuamente pensé que en de dos años volvería a Chile. Aquí volví a ser estudiante universitario pero esta vez en un idioma que no es el mío y poco a poco comencé a saber lo que realmente se siente al vivir fuera de mi país como refugiado político. Cuarenta años pasan algo así como una larguísima película y lo más cercano a mi regreso a Chile ha sido escribir esta historia.

La noche del 10 de septiembre de 1973 en mi país no fue simplemente una noche más, sino que una noche eternamente obscura que posiblemente yo y miles de compatriotas jamás podremos olvidar. Esta era la noche antes del golpe militar. Esa noche en la cual mientras nosotros celebrábamos el haber dado un pequeño paso en mejorar las condiciones de vidas de nuestros compañeros pobladores, los Generales preparaban su armamento para llevar a cabo su golpe final. Aquella noche se convirtió en nuestro ayer permanente, el que nos impusieron para intentar borrar nuestro pasado, congelar nuestro futuro y ponernos frente a un interminable presente de temor e incertidumbre.

Aquella noche yo y mis compañeros de comunidad nos fuimos a acostar muy tarde después de una emotiva fiesta de celebración en nuestra población en donde habíamos vivido ya por más de dos años. Esa noche celebrábamos el triunfo de haber logrado que el Gobierno de Allende decidiera oficialmente construir una vivienda sencilla pero digna para nuestros compañeros pobladores en los mismos terrenos en donde ellos vivían en sus mediaguas y por lo que habían luchado por muchos años. Para hacer posible este sueño los pobladores habían tenido que trasladar sus mediaguas a los terrenos de una cancha de futbol vecina que tuvimos que ocupar para estos efectos ya que no se nos ofrecía ninguna otra opción.

Aquella noche también celebrábamos el compromiso de lucha y entrega de nuestros compañeros dirigentes de la población quienes habían dedicado años de servicio a sus vecinos. En voto secreto los dirigentes habían elegido como mejores dirigentes a 'Don Panchito', un hombre de alrededor de 70 años que siempre estaba al servicio de los demás y a mí, estudiante universitario que se había transformado en dirigente poblacional. A nuestra fiesta de celebración vino entonces la máxima autoridad gubernamental de la región quien era el Intendente de Talca, el compañero Germán Castro Rojas, miembro del partido socialista, quien terminó bailando 'cueca', el baile tradicional de Chile, con la señora Zoila, una de nuestras pobladoras. Germán tenía treinta y tres años de edad y se le conocía por sus ideas avanzadas. Pocos días después del golpe militar Germán huyó de la represión dirigiéndose a la cordillera junto con un pequeño grupo de compañeros dispuestos a resistir a las fuerzas de la dictadura. Desgraciadamente, Germán fue tomado prisionero en un enfrentamiento con Carabineros y luego llevado al Regimiento militar de Talca en donde el día 27 de septiembre de 1973 sería ejecutado sin ningún proceso judicial pasando a ser la primera víctima mortal de la dictadura fascista de Pinochet en Talca en donde vivíamos. El Informe Rettig (1991), que consistió en una investigación oficial sobre violación a los derechos humanos en Chile, concluyó que al no haberse realizado un consejo de guerra para enjuiciarlo, Germán Castro Rojas murió ejecutado al margen de todo proceso legal y fue víctima de una violación de los derechos humanos[11].

10 de septiembre 1973, en la Población Arturo Prat, Talca, Chile. Los pobladores estaban celebrando la decisión del gobierno de comenzar a construir una modesta población habitacional.

Germán Castro Rojas, el Intendente regional y representante del gobierno chileno de la Unidad Popular esta marcado en el centro de está foto.
José Hernán Cifuentes esta marcado a su izquierda en esta foto.
(Fuente: *La Mañana*, Talca; tomado de witness.theguardian.com)

[11] Informe Rettig. 1991. *Veredicto sobre la muerte de German Castro.*

Dr Salvador Allende, c.1970 (Fuente: sbs.com.au)

Demostración apoyando a Allende, 1970
(Fuente: Wikipedia Commons)

Nuevo Amanecer Chileno y mi Despertar Politico Personal

Habíamos recorrido ya un largo e intenso camino por más de dos años con nuestros compañeros/as pobladores para alcanzar éste momento de poder vislumbrar el inicio de la construcción de las casas de los pobladores y por lo cual nos sentíamos muy orgullosos. Aunque habían transcurrido solo dos años del Gobierno de la Unidad Popular, los cambios sociales, económicos, culturales y políticos impulsados por el compañero Presidente Dr. Salvador Allende comenzaban a re-emplazar a un modelo de sociedad de profunda desigualdad económica y social que había existido por más de un siglo en Chile.

Entonces comencé a recordar cómo y porqué llegué a vivir a esta población marginal siendo que era estudiante universitario, lo que en Chile, en aquel tiempo, era algo no solo muy poco común, sino desde una perspectiva conservadora, contradictorio. Quizás todo comenzó aquel día con mis dieciséis años de edad, cuando salía del liceo en donde cursaba mi educación secundaria en mi pequeño pueblo natal de San Javier, en la zona central de Chile en el año 1966. A mi salida del liceo, por casualidad me encontré con el cura párroco del pueblo, a quien no conocía, el padre Juan Hidalgo, quien desde ese momento y sin proponérselo me permitió cambiar mi vida de una manera radical al invitarme a su parroquia a conocer a otros jóvenes que se reunían regularmente allí. Hasta aquel día yo no tenía otros intereses excepto jugar futbol, andar en bicicleta, ir al río, a la isla a cazar pájaros, y escribir a máquina las letras de canciones de moda para al día siguiente llegar a cantarlas con mis compañeros en el liceo.

A partir de aquel día comencé un camino que yo mismo jamás me podría haber imaginado. Sin darme cuenta, de adolescente sin rumbo me transformé en el sacristán del cura párroco a quien ayudaba a celebrar misa regularmente y me convertí en un activo miembro de la Juventud de Estudiantes Católicos (JEC) con quienes visitábamos a los enfermos en el hospital, presos en la cárcel, además de llevar el mensaje cristiano a comunidades modestas de mi pueblo en tiempo de misiones. Había leído en la Biblia que el ser cristiano significaba amar en primer lugar a los más necesitados y que para poder llegar al cielo un cristiano tenía que siempre ser el último en la tierra[12]. Tomé estos principios muy en serio sin saber como ellos, más tarde, marcarían mi futuro.

A través de mi formación cristiana junto al padre Juan y la juventud de estudiantes católicos comencé a asistir a reuniones en donde estudiábamos los documentos del Concilio Vaticano II de la iglesia católica en la ciudad vecina de Talca, la que era una ciudad más grande y más dinámica que mi pueblo San Javier. Recuerdo haber leído algunos documentos producidos por el CELAM (Comité Episcopal Latinoamericano) en Medellín, Colombia, en el año 1968, especialmente los dos primeros textos sobre "Paz" y "Justicia" los que me impresionaron mucho. En estos documentos encontré ideas nuevas, como por ejemplo: "no se puede lograr la paz sin verdadera justicia social", y "la paz de los ce-

---

[12] Nuevo Testamento: Mateo 20:16: *Los Ultimos seran los Primeros*

menterios no es verdadera paz"[13]. Estas nuevas ideas me estimulan a comenzar a cuestionar el orden establecido y sus argumentos me parecían no solo razonables y justos sino que, además, necesarios y apasionantes especialmente para la gente que siempre había creído que la pobreza y sus consecuencias eran designios de Dios, del destino o simplemente del factor suerte. Sin embargo, más tarde la vida me enseñaría los riesgos y consecuencias de haber abandonado una mentalidad que favorecía la protección del 'status quo' y de comenzar a pensar de una manera diferente.

En aquel nuevo contexto político nacional nuevas ideas comenzaron a germinar en mí como a través de todo el país pero no tan rápido como para inmediatamente haberme sentido parte de este nuevo despertar nacional producido con el triunfo de Allende el 4 de septiembre de 1970. Hasta esos días yo aún era un joven básicamente ingenuo, 'apolítico' y conservador, y mi único interés era ser un "buen' católico.

Comencé mis estudios universitarios de Trabajo Social en la universidad de Chile, Sede Talca, a 25 kilómetros de mi pueblo natal San Javier en la zona central del país. A mi llegada a la universidad me integré al Movimiento Universitario Católico (MUC). En aquellos días, por coincidencia llegaba a Talca, un sacerdote francés de treinta años de edad, llamado Charles Condamines quien comenzó a asesorar al MUC, y quien aún continúa siendo un amigo muy querido. Este sacerdote traía ideas nuevas para nosotros, como por ejemplo "que para ser un verdadero cristiano había

[13] *Documentos Finales de Medellin*, 1968. Segunda Conferencia General del Episcopado Latinoamericano, Colombia, Ediciones Paulinas

que estar junto a la gente más pobre" y nos sugirió formar una comunidad cristiana formada por jóvenes universitarios, hombres y mujeres, más él, para irnos a vivir a una población pobre en la ciudad de Talca en donde estudiábamos. Charles nos dijo que él se sentía muy incomodo al ser sacerdote y tener que, seguir viviendo en la casa del obispo en donde había sido hospedado desde su llegada a Chile ya que esta era una casa 'señorial' con muchas habitaciones y personal de servicio en el centro de la ciudad de Talca. Charles sentía que esto era muy ajeno a lo que él entendía por ser cristiano.

Así, junto con otros jóvenes, dos mujeres y dos hombres, todos estudiantes universitarios del MUC, aceptamos la sugerencia de Charles y nos fuimos a vivir a la Población Arturo Prat[14] en la ciudad de Talca en donde, al mismo tiempo, continuamos nuestros estudios en la universidad de Chile.

Esta era una población de trescientas sesenta familias que había nacido de la ocupación/toma de terrenos públicos abandonados a las orillas de un canal en las afueras de la ciudad y que era un lugar donde podían llegar a intentar parar un techo personas de escasos recursos normalmente procedentes del campo. Allí, por generaciones, familias que habían emigrado desde el campo a la ciudad, con la esperanza de un futuro mejor, habían "levantado su techo" (mediaguas) sin tener servicios de agua, alcantarillado, ni electricidad. Allí las familias veían nacer sus hijos y después a sus nietos. El hecho de que tuvieran muy poco o nada normalmente no era un obstáculo para recibir a otro miembro de la

---

[14] Justo Abel Rosales, *La Apoteosis de Arturo Prat y de sus heroísmos muertos por la patria el 21 de Mayo de 1879*, 1888

familia y este gesto ilustraba la generosidad de la gente pobre. Sin darme cuenta nuestra decisión de irnos a vivir a esta población no solo nos mostraba la cruda realidad de la vida diaria de los pobres de nuestro país, sino que nos había acercado a una nueva concepción del catolicismo/cristianismo y de la vida. Sin embargo, lo que nunca nos pudimos haber imaginado fue el futuro que esta decisión nos depararía.

Un 'gringo' como Charles no podría jamás pasar desapercibido en Chile. El era un sacerdote francés de 31 años recíen llegado a Chile, había estudiado Castellano en Cuernavaca, Mejico, tenía la tez muy blanca, ojos verdes y vestía ropa francesa. Charles inmediatamente pasó a ser Carlos para nosotros. Nunca le pregunté porqué eligió Chile como su país de misionario pero indudablemente fue una gran suerte para mí y muchos otros chilenos aunque no estoy muy seguro si fue lo mismo para él.

Desde sus primeros días en Talca, su ciudad de destino, Carlos parecía haber desarrollado una reacción alérgica casi instintiva en contra un comportamiento que el consideraba muy ajeno a lo que se esperaba de un autentico cristiano y ello lo condujo muy pronto a entrar en conflicto con la jerarquía eclesiastica, aunque al mismo tiempo, causaba atracción, especialmente en los jóvenes universitarios.

La rutina de Carlos consistía en hacer investigaciones sociales como por ejemplo sobre la realidad de explotacíon de las empleadas de casa, para la Fundación Manuel Larraín en colaboracíon con sus colegas Antonio Elizalde y Romulo Santelices, ayudar a nuestros vecinos pobladores en la Poblacíon Arturo Prat, dar clases de Cristianismo y Marxismo en la Universidad y celebrar misa para la religiosas en un barrio de Talca.

Carlos tenía un título en Ciencas Sociales y Políticas, leía y escribía mucho, era generoso, muy abnegado y de mucha sensibilidad social. Se preocupada de estimular el desarrollo personal de los jóvenes alrededor suyo en torno al Movimiento de Universitarios Catolicos pero sin jamás tratar de imponer sus ideas. Nunca quiso integrarse a ningún partido politico pero pensaba que una sociedad mas justa y con menos desigualdad era solo possible a traves de una sociedad Socialista. Sin embargo, la agudización del enfrentamiento politico entre la clase dominante y los trabajadores lo impulsó a militar en la Izquierda Cristiana y desde allí sus conflictos con la jerarquia de la Iglesia Católica fueron en aumento.

Carlos fue uno de los impulsores del movimiento de Cristianos por el Socialismo en Chile. Su consecuencia con su principios lo llevaron a crear dos comunidades de estudiantes universitarios en una población y un campamento, vivencia que en mi caso personal transformó mi vida.

El golpe militar obligó a Carlos a tener que salir de Chile lo que logró gracias al Consul francés de la epoca quien tuvo que custodiarlo hasta dejarlo dentro del avión con destino a Francia como la única manera de evitar que fuese detenido.

Gradualmente comencé a darme cuenta de que esta nueva manera de interpretar el mensaje del evangelio, de concebir la fe y la realidad social en la que vivía, correspondía a los planteamientos de la teología de la liberación .Esta era una forma menos convencional de interpretar el evangelio y la cual tuvo mucho auge en los años 60 y 70 en América latina, cuando muchos sacerdotes y monjas llegaron a creer que su fe exigía una entrega a Dios a través de un compromiso por promover la justicia social y la acción política en favor de los oprimidos[15]. Esta corriente de pensamiento entendió la práctica de su fe cristiana como la misión de apoyar a los pobres a levantarse por si mismos y liberarse de la pobreza a través del poder tanto de la oración como de la lucha política. Sin embargo, la visión de la teología de la liberación, no solo postulaba la liberación de los pobres, sino que también la liberación de los ricos al invitarlos a liberarse de su obsesión de tener que responder a las insaciables demandas de una sociedad materialista de consumo capitalista cuya única razón de existir era no ser sino que tener.

Así llegamos a esta población como estudiantes universitarios interesados esencialmente en hacer trabajo voluntario con los niños más desfavorecidos. Algunas de las madres de nuestros compañeros en este proyecto estaban muy preocupadas por nuestra decisión, lo que era comprensible ya que los padres normalmente apoyan a sus hijos/as para ir a la universidad a objeto de "superarse y ser más" en un sentido económico y social, pero, en este caso, nuestra decisión parecía, desde un punto de vista tradicional, que iba en un sentido aparentemente contrario.

Estábamos conscientes de que nuestra idea de vivir en comunidad como hombres y mujeres juntos era una idea ya demasiado avanzada para la mentalidad de la mayoría de la gente en Chile en aquel tiempo, ya que era como juntar dos mundos culturales y sociales muy opuestos.

---

[15] Gutierres, Gustavo. 1996. *Postulados de la Teologia de la Liberacion* Editado por James Nickloff, Mexico 1996.

Gracias a la influencia de lo que signficaba ser sacerdote en Chile en esos tiempos, nuestro amigo Charles pronto, a través de sus contactos con el cura de la población, consiguió permiso para que se nos aceptase llegar a vivir allí a comenzar a trabajar con los niños de la población aquel verano de 1971. Este proyecto, inevitablemente, resultó en que nuestro amigo Charles comenzase a ser percibido como un cura un poco 'loco' o demasiado avanzado para la jerarquía de la iglesia católica en esos tiempos y, por supuesto, posteriormente esto le traería importantes conflictos con sus superiores.

La euforia y esperanzas de los partidarios del nuevo Gobierno de Allende, por una parte, y la indignación y el temor de la derecha política chilena, por la otra, comenzaban a enfrentarse de manera pública y cada vez más agresiva. Esto era algo que pasaba más allá de mis intereses en aquellos días en los que simplemente me dedicaba a mis estudios en la universidad y a vivir en comunidad en esta población.

Aquel verano del 71 fue muy especial para nuestra población en donde comenzábamos a vivir en comunidad dos hombres y dos mujeres mientras continuábamos nuestros estudios en la universidad. En nuestra comunidad, junto con el apoyo de otros estudiantes y profesores universitarios pusimos en práctica un programa de vacaciones para los niños de nuestra población. Este tipo de trabajo voluntario de verano por estudiantes universitarios que se realizaba a través de todo el país, en nuestro caso consistió en organizar y llevar a cabo talleres de juegos, pintura, entretenimiento para los niños y de alfabetización, cocina y música para los adultos.

Nuestras actividades contaron con el activo apoyo

del centro de madres de la población que nos permitía usar su sede social (una modesta mediagua) para realizar nuestro trabajo comunitario. Entre las actividades de aquel verano una de ellas consistió en un paseo por todo el día al cerro más cercano que estaba al otro lado del rio Claro en Talca. Llevamos allí alrededor de veinte niños a jugar, caminar y divertirse, permitiéndoles así salir de la rutina de un caluroso día más en una población donde no había mucho que hacer. Nuestro programa no contaba con financiamiento, transporte ni ayuda de ningún tipo excepto la abnegada dedicación de las madres de la población.

Allí comencé a conocer mejor y de manera más personal a las señoras Gloria, María y Elvira quienes no solo eran el alma y motor de la población, sino que cumplían sus obligaciones de sacrificadas jefas de hogar en difíciles circunstancias y con escasos recursos. Estas queridas compañeras no solo nos brindaron cariño y aceptación, sino que pusieron su propia seguridad personal y las de sus familias en riesgo para protegerme cuando tuve que entrar en la clandestinidad y cuando estuve en la cárcel. Ellas eran tres activas miembros del centro de madres que nos dieron su confianza, apoyo y en actividades como estas se preocupaban de conseguir alimentos y preparar la comida para los niños.

La señora Gloria, en particular, era una mujer muy cariñosa, generosa, trabajadora, alegre y dedicada completamente a su familia y a las actividades en beneficio de la población. Para todos sus vecinos la señora Gloria era el sinónimo de lo bueno por su incansable apoyo para quien se lo pidiera, aunque ella misma pertenecía a una familia modesta. Con razón se le apodaba como “la Sra. tan buena como el pan”. La señora María, además de ser una persona muy afectuosa y trabajadora era la comadre e intima amiga de la Sra. Gloria. Se querían y apoyaban como hermanas. Sra. María era el sostén material y moral de su familia y tenía un corazón muy generoso. La señora Elvira, su hija Bety y su familia vivían en una población adyacente de trabajadores ferroviarios que no tenía las necesidades de la población Arturo Prat y por tanto no necesitaban hacerse parte de la lucha de sus vecinos. Sin embargo, la familia de la Sra. Elvira, su esposo Don Eduardo, sus hijos Bety y sus hermanos eran personas profundamente humanas, solidarias y con un alto compromiso con la causa por construir un mundo más justo y mejor.

La Señora Gloria, especialmente, era una persona muy cariñosa, generosa y muy trabajadora además de ser completamente dedicada a su familia y a la gente de su Población. A primera vista ella podía dar la impresión de una persona tímida pero tan pronto como la conversación pasaba al campo de las cosas practicas que necesitaban las familias para poder sobrevivir, ella se transformaba en una enciclopedia viva: ella sabía como sobrevivir con muy poco y continuar sonriendo aunque estuviese triste. Tenía 3 hijos y su esposo, Pedro, trabajaba en el molino local de una fábrica arrocera en donde tenía que cargar sacos de hasta 60 kilos día tras día por un mísero salario. El poco dinero que tenía le rendía mucho y le alcanzaba más allá de su propia familia incluyendo sus propios padres y hermanos además de su querida comadre María y su familia como sus propios vecinos. La Señora Gloria no tenía tanta educación pero muy pronto descubrió que la pobreza no era voluntad de Dios sino que el fracaso de un tipo de sociedad clasista e injusta. Ella no se metía mucho en asuntos de tipo político sino que simplemente se preocupaba de que todos tuviesen pán, techo, abrigo y cariño. Era casi imposible no admirar y querer a alguién como la Señora Gloria quien estaba siempre al servicio de los demás. Sin ella darse cuenta se convirtió en la matriarca de sus compañeros pobladores porque ella siempre predicaba con el ejemplo. Naturalmente, fue la Señora Gloria quien comenzó a reunir fondos para contratar un abogado a objeto de que me defendiera cuando yo estaba en la cárcel después del Golpe militar. Sé, y con mucho orgullo, que ella me quizo como a un hijo desde que llegué hasta que tuve que dejar la Población.

Otra actividad que llevamos a cabo durante ese verano fue un viaje en tren a la ciudad de Constitución, la costa más cercana a Talca, a 100 kilómetros de distancia. Allí llevamos una veintena de niños entre 9 y 15 años de edad por el día en donde tuvieron la oportunidad de pasear en bote en el rio Maule cercano a la playa. Para facilitar la comprensión del mundo social en el cual se desarrollaban estas actividades, es importante tener presente que allí, en aquel tiempo, no existían las más mínimas medidas de seguridad en relación a actividades extra escolares como se acostumbra en países desarrollados. Esto era así simplemente por que vivíamos en un país del llamado 'Tercer Mundo' en donde simplemente se hacía lo que se podía y como se podía. La razón era muy sencilla: nuestros compañeros pobladores y sus familias vivían, y como aún millones de personas continúan viviendo, en medio de la pobreza en América Latina y lo que probablemente no es algo fácil de imaginar para un ciudadano europeo en el siglo XXI.

Otra actividad muy emotiva de ese verano, fue una visita a la piscina del Regimiento de Talca en donde por primera y última vez en la historia de Talca se les permitió a los niños de una población muy modesta usar la piscina militar simplemente como algo excepcional. Esto se hacía posible gracias a un gobierno interesado en poner los recursos públicos al servicio de la comunidad. Todo esto tomaba lugar en el contexto de una comunidad muy modesta, en un verano normalmente muy caluroso en donde los niños de una población humilde jamás habían tenido acceso a una piscina. Su experiencia más cercana a esto habría sido posiblemente el refrescarse zambulléndose en algún canal o río cercano los cuales normalmente recibía las aguas de desechos de la ciudad, experiencia la cual yo mismo había conocido en el canal Pando en mi pueblo natal en donde aprendí a flotar.

Todo esto que tratábamos de lograr, lo que era realmente algo excepcional, era producto de algo igualmente jamás imaginado que estaba ocurriendo en Chile con la llegada del gobierno de Allende. Lo que yo mismo jamás me habría podido imaginar y lo que llegaba a ser motivo de alegría para muchos niños y adultos de barrios pobres en aquel entonces, al tener nuevas oportunidades, era al mismo tiempo un motivo de resentimiento y rechazo por los sectores más acomodados y conservadores del país. La clase dominante no se daba cuenta o no quería ver las abismantes desigualdades sociales como tampoco aceptar que niños pobres llegasen a usar una piscina de la autoridad militar y lo que, en aquel entonces, era un cambio bastante radical.

Allí, en aquella primera y última visita de los niños

de nuestra población a la piscina del Regimiento militar de Talca y apoyados por compañeros estudiantes universitarios, viví momentos muy especiales como este:

Los niños estaban listos para entrar a la piscina, posiblemente por primera vez en su vida. Entre ellos se encontraba uno apodado 'Cara de plato', un pelusita de diez años quien tenía sus pies de un color bastante oscuro ya que la mayor parte de su vida había tenido que andar descalzo debido a la pobreza de su familia. Cuando el oficial militar comenzó la inspección de aseo de los niños, antes de entrar a la piscina, me di cuenta de que tal vez impediría a este niño el ingreso a la piscina debido al color de sus pies. No importa cuántas veces el se hubiese lavado sus pies, lo más probable, es que permanecerían del mismo color. Para evitarle una posible decepción a este pelusita, antes de que se aproximase el oficial militar le dije: "cuando venga el oficial escóndete detrás de mí y cuando el haya pasado tú te tiras a la piscina". 'Cara de plato' siguió mis instrucciones y cuando el oficial militar había pasado se lanzó en su primera y última zambullida en una piscina en su corta vida. En esos momentos tuve el privilegio de ser testigo de la sonrisa más hermosa de felicidad nunca vista en un niño que había crecido abandonado. Veinte años más tarde recibí la trágica noticia de que 'Cara de Plato' se había suicidado.

El vivir en aquella población me permitió ser testigo de experiencias imposibles de haberme imaginado antes y que me permitieron poder desarrollar una comprensión más crítica del mundo que me rodeaba. Recuerdo, por ejemplo, una fría noche de invierno cuando Cholita, una pequeña niña de cinco años de edad, golpeaba la puerta de nuestra mediagua en la población porque tenía hambre y frio ya que sus padres no podían cuidarla en esos momentos puesto que ellos pasaban por una mala situación. Acogimos a Cholita en nuestra comunidad, le dimos albergue, comida, la lavamos, le dimos abrigo y la tuvimos en nuestra mediagua por dos días hasta que su madre vino a buscarla. En aquel tiempo en nuestra ciudad no existía un servicio de seguridad social, protección de la niñez ni apoyo de servicios sociales como para prevenir situaciones como esta. Treinta años más tarde tuve la alegría de poder volver a abrazar a Cholita, ahora ya convertida en una mamá de treinta y cinco años y con tres niños.

Otro día cuando visitaba a mis vecinos en la población encontré a un anciano enfermo y abandonado quien presentaba quemaduras en su cuerpo y no podía acudir al hospital porqué no tenía quien lo llevara y además, no tenía como pagar los gastos de medicamentos. Hechos como estos comenzaban a hacerme pensar sobre cómo se podría explicar este tipo de situaciones.

La estación de invierno tiene diferentes facetas en Chile, dependiendo de la condición socio-económica y el lugar en donde se viva. Así fue como me di cuenta de que el invierno en una población de mediaguas y proyectos de casas de auto construcción sumamente precarios, era algo mucho más que solo un invierno. En el invierno del año 1971 se produjo una inundación en la población en donde vivíamos no solo debido a la intensa lluvia sino también debido a que esta población estaba muy cerca de un canal que con la intensa lluvia de invierno se desbordaba y causaba daños ya que no había alcantarillado, calles ni asfaltado. La inundación era tal que el agua había alcanzado una profundidad de casi dos metros en las partes más hondas y por consiguiente las mediaguas estaban casi cubiertas con las modestas pertenencias de los pobladores flotando en el agua. Los pobladores más ancianos se negaban a abandonar sus mediaguas por temor a perder sus humildes pertenencias ya que sabían cuanto les costaría reponerlas. En un esfuerzo por evitar una tragedia, un grupo de compañeros de la universidad tuvimos que caminar con el agua hasta el cuello para poder ayudar a los pobladores ancianos en estas circunstancias.

Antes de haber visto por mis propios ojos este tipo de hechos yo había pensado que las inundaciones eran hechos que ocurrían por voluntad de Dios, del destino, el mal tiempo o simplemente mala suerte.

Sin embargo, después de haber leído nuevas ideas sobre 'Justicia' y 'Paz' en los documentos del Comité episcopal latino-americano - CELAM, y al haber no solo visto, sino que vivido esta experiencia, ahora, pensaba que estos hechos eran simplemente el resultado inevitable y totalmente predecible para los más pobres en muchas partes del país en donde, normalmente y por necesidad ocupaban terrenos totalmente inapropiados para vivir.

Obviamente, me di cuenta que la realidad era tan fuerte y tan clara que ya no podía continuar pensando como antes. Casi sin darme cuenta estaban contados los últimos minutos del joven neutro y apolítico, aséptico que no era 'ni chicha ni limoná' (como decía el cantar de Victor Jara) y había llegado el momento de 'ensuciarse las manos', es decir de elegir entre callar y seguir aceptando el status quo de la injusticia social o decir basta y hacer todo lo posible por cambiar y construir una sociedad más justa.

Mi vida diaria en esta población marginal, mis ojos, mis sentimientos, la práctica, me gritaban una realidad muy dura y diferente a la que los valores conservadores clasistas y arribistas de la hasta entonces sociedad tradicional nos había inculcado.

Mientras vivo en la población y al mismo tiempo continúo asistiendo a clases en la universidad puedo darme cuenta que la gente en mi país vive en mundos no solo muy diferentes, sino que casi contradictorios. Algunos viven muy bien y, otros, desgraciadamente la mayoría, no tienen ni siquiera donde ni con que vivir. Y aún así trataban de convencernos de que todos éramos ciudadanos del mismo país, aunque vivimos mundos diametralmente opuestos en donde unos pocos lo tenían casi todo y la gran mayoría no tenía casi nada.

Mis estudios de Trabajo Social en la universidad se desarrollaban en un contexto nacional de profundos cambios sociales, culturales y políticos promovidos por el nuevo gobierno de la Unidad Popular. En la universidad comencé a tomar conciencia sobre las experiencias de vida de otros jóvenes universitarios quienes habían vivido bajo dictaduras militares en países como Brasil, Uruguay, Argentina y otros países latinoamericanos.

Recuerdo como si fuera ayer cuando vi las espaldas quemadas con cigarrillos de estudiantes universitarios brasileños quienes habían sido torturados por la dictadura militar en su país simplemente por haber tratado de crear una sociedad más justa[16]. Por supuesto, todos quienes vimos aquellos jóvenes con sus espaldas quemadas, nos sentimos impactados por su testimonio, pe-

---

[16] Dictadura Militar Brasileña anti-comunista en los años 70

ro, desgraciadamente, como a menudo nos sucede a todos, jamás pensamos que lo mismo nos podría suceder a nosotros en nuestro país.

Mi rutina, durante aquellos días, consistía en moverme entre la población y la universidad y viceversa empleando la micro No 5 de la locomoción pública de la época cuando para los choferes era muy mal negocio llevar pasajeros estudiantes. Estos eran dos ambientes absolutamente diferentes, pero sin embargo mi interés en ambos seguía siendo exactamente el mismo: luchar por una sociedad más justa y menos desigual.

En aquel tiempo durante los años 70 en esta población tuve el privilegio de leer e informarme un poco más sobre la revolución cubana y líderes de la justicia social latinoamericana como Fidel Castro, Che Guevara, Helder Cámara y Camilo Torres, todos ellos símbolos de liberación en América latina. Estos líderes traían un mensaje que me impresionó y atrajo por su profunda honestidad y sentido amplio de justicia social. ¿Cómo ignorar pensamientos tan profundos como aquel de Fidel recordándonos que "el capitalismo no tiene ni la capacidad, ni la moralidad como tampoco la ética para resolver los problemas de la pobreza"? [17]. Esto que Fidel Castro nos decía hace 50 años atrás, de manera muy similar, aunque con diferentes palabras, es básicamente lo mismo que dijo públicamente el Papa Francisco en Diciembre del 2013 cuando nos dice que el capitalismo no es la solución para la pobreza[18]. Aunque en continentes, realidades y tiempos muy diferentes quizás este tipo de ideas puedan resonar familiares a

---

[17] Castro Ruz, Fidel, *Capitalismo Actual: Características y Contradicciones*, Editorial Pueblo y Educación 2001

[18] Perfil.Com. Internacional 28.02.2015

las víctimas de la crisis del neo-liberalismo en Europa en el año 2014 donde trabajadores, familias, jóvenes y ancianos son forzados a pagar las consecuencias de la crisis financiera mientras los banqueros continúan recibiendo continuos bonos millonarios a pesar de su incompetencia y en algunos casos deshonestidad.

¿Y cómo no poner especial atención a las palabras de Che Guevara cuando decía? :

"Y déjenme decirles a riesgo de parecer ridículo que el verdadero revolucionario está motivado por profundos sentimientos de amor. Es imposible concebir un verdadero revolucionario sin esta cualidad" [19].

Al reflexionar sobre la profundidad de estas ideas me doy cuenta de la inmensa diferencia de lo que esto significa en comparación con los valores de un político convencional.

También tuve la suerte de leer las sabias palabras de Helder Cámara, arzobispo de Recife en Brasil en los años 60 que desmitifican la mentalidad conservadora al compartir su experiencia como pastor, cuando decía:

"Cuando doy de comer a los pobres me llaman Santo. Cuando pregunto por qué tanta gente es pobre me llaman comunista"[20]- la que no es una reacción tan diferente en comparación a la que tuvo el Papa Francisco en el año 2014 quien después de declarar públicamente que el capitalismo no era la solución para eliminar la pobreza fue acusado de marxista como una manera de demonizar sus ideas [21].

---

[19] Guevara, Ernesto, *El Socialismo y el Hombre Nuevo*. Siglo Veintuno 1979.

[20] Dom Helder Camara, *Essential Writings (Modern Spiritual Masters)*, ed. F. McDonagh, Orbis 2009.

[21] La Republica.pe/ Mundo, 04.04.2014

Ideas similares fueron formuladas por el sacerdote Camilo Torres, revolucionario colombiano, y miembro del Ejército Guerrillero Nacional de Liberación quien cayó luchando en los años 60 en consecuencia con sus ideas y quien nos alertaba diciendo: "la gente no llega a ser pobre simplemente porque sí; su pobreza es principalmente un producto de la manera como la sociedad está organizada"[22]. Las ideas de estos luchadores sociales no me llegaban como propaganda para que creyera en una u otra ideología ni para que me convirtiera en político, comunista o marxista, sino que estas ideas simplemente me comunicaban una sed de justicia social como al mismo tiempo la pasión por crear un mundo más justo y mejor.

Sin embargo, una cosa son las buenas ideas y las buenas intenciones, pero otra muy diferente es la práctica. Esta fue la diferencia esencial que influyó en mí y que me instó a escuchar los llamados de los seguidores de la teología de la liberación. Además de comenzar a conocer su teoría veo por mis propios ojos su testimonio humilde de entrega diaria para con los más pobres y desvalidos de mi país. Esta consecuencia me inclinó a sumarme al Movimiento de Cristianos por el Socialismo el que proclamaba la necesidad de liberarse de la miseria y cualquier tipo de opresión como un primer paso para crear una sociedad más justa y fraternal sin necesidad de tener que justificar el sufrimiento de la gente en la tierra como una forma de alcanzar una vida mejor "en el más allá ".

Este movimiento de cristianos revolucionarios apoyaba a Allende y el proceso revolucionario, pero de

[22] Camilo Torres, *Revolutionary Priest: His complete writings and messages*, Pelican 1973.

manera crítica y constructiva. Me sentí atraído por el ejemplo de sacerdotes y religiosas que abandonaron sus sotanas/hábitos para irse a vivir a las poblaciones marginales a apoyar a la gente pobre. De esta manera llegué a conocer a muchos religiosos/as chilenos, canadienses, norteamericanos, franceses, españoles, italianos, belgas e irlandeses quienes se transformaban en 'curas obreros' o 'monjas de población'. A través de este camino, sin desearlo, pero inevitablemente, estos religiosos/as entraron en conflicto con la jerarquía de la Iglesia Católica a tal punto que muchos de ellos/as, más tarde, decidieron 'colgar' sus sotanas y hábitos al ver que muchos de sus pastores no adoptaban un compromiso explicito por los pobres y más débiles del país. Muchos de estos religiosos/as, llegaron a ser expulsados de la iglesia y más tarde fueron perseguidos, detenidos, torturados y en algunos casos ejecutados por los servicios de seguridad de la dictadura.

Así, paso a paso, comencé una transformación personal en mi manera de pensar y de ver el mundo, quizás inevitable y al mismo tiempo lógica producto de mis experiencias vividas en un barrio humilde y en contacto con nuevas ideas que comenzaban a cuestionar el orden establecido en aquellos años.

A través de este camino jamás imaginado y nutrido por la vida diaria de mis compañeros y sus familias en esta población, sin darme cuenta ni proponérmelo, fui cambiando mi manera de pensar. Comencé a darme cuenta que no bastaba con dar de comer un día a niños con hambre como tampoco que no importaba cuán bien se reforzaran las mediaguas antes del invierno, pues nada prevendría que los niños volviesen a pasar hambre ni que las mediaguas volviesen a inundarse el próximo invierno. Lentamente comencé a darme cuenta de que la extrema desigualdad social no era un problema de gente floja, mala suerte, destino, coincidencia, ni mucho menos un designio de Dios. También empecé a comprender que la justicia y la ley no eran neutrales ya que, a menudo existían solo para el beneficio de quienes las podían manipular, influenciar o sencillamente comprar a través del soborno y la corrupción.

Pude ver como las autoridades eran implacables con la gente sin recursos y a la vez muy flexible con quienes tenían el poder del dinero e influencias. Todo parecía corresponder a un manual del 'buen ciudadano' en donde la obediencia ciega y el servilismo eran recompensados y el callar era considerado una 'virtud' del saber vivir.

Paso a paso comencé a tomar conciencia de que la prensa, la televisión y la radio no solo no informaban los hechos reales de interés y significancia para la gente sencilla sino que lo que sus propietarios y sus clientes consideraban útil para ellos. Al mismo tiempo tomé conciencia de que la historia de Chile que nos enseñaban en las escuelas no contaba las masacres de los trabajadores que se habían rebelado por mejores condiciones laborales y de vida en el pasado. Pronto me di cuenta que toda aquella cultura supuestamente nacionalista que nos inculcaban, partiendo por una veneración a la bandera, no incluía a los pobres de mi país sino que solo a la gente bien acomodada y con recursos. Comencé a darme cuenta que los supuestos defensores de nuestra soberanía y de la paz en Chile, es decir las Fuerzas Armadas, solo existían para defender los privilegios de la clase alta del país y que ellos mismos no vacilarían en reprimir al pueblo cuando se amenazaban sus intereses como ya lo habían hecho antes.

El verdadero papel de las Fuerzas Armadas en una sociedad chilena clasista ya se había demostrado en las matanzas de mineros en la Escuela Santa María en Iquique un 21 de diciembre de 1907 cuando alrededor de 3000 mineros fueron asesinados, la matanza de San Gregorio en 1921 donde murieron 65 mineros y la matanza de Puerto Montt en marzo de 1969 cuando murieron 10 pobladores sin casa [23].

A través de mi propio camino comprendí que 'todo estaría bien' mientras tanto continuáramos haciendo obras de caridad siempre y cuando nunca llegáramos a preguntarnos ni a preguntar por qué había tanta injusticia. A través de este camino empecé a abrir mis ojos a la política y a los partidos políticos pero de una manera muy diferente. Recuerdo haberme acercado a mi amigo Nelson Ortega Celis quien en aquel entonces estaba en un curso superior en nuestra Carrera de Trabajo Social, para que me orientara sobre mi despertar a la vida política.

Antes había pensado que todos los políticos eran iguales: palabras, promesas, mentiras y trabajo en beneficio propio y quizás no estaba completamente equivocado. Aún continuaba pensando lo mismo pero al mismo tiempo llegué a entender que para crear una sociedad más justa era necesario participar en política y que existía otra forma de intentar hacer un tipo diferente de política tratando de alcanzar cambios estructurales con y para el pueblo. También me di cuenta de que

---

[23]Pedro Bravo Elizondo, *Santa María de Iquique 1907. Documentos para su Historia,* Ediciones del Litoral 1993; R. Floreal Recabarren, *La Matanza de San Gregorio 1921. Crisis y Tragedia,* LOM ²2003; Diario *La Nación,* 10 March 1969

definirse como apolítico o no interesado en asuntos políticos era precisamente la mejor manera de simplemente aceptar e involuntariamente legitimar el status quo de una sociedad establecida sobre bases de una profunda injusticia social.

En medio de estas actividades en nuestra población, poco a poco, creamos un movimiento poblacional que se organizó y luchó por una vivienda digna, en otras palabras, por una casa donde vivir. A través de esta lucha nos dimos cuenta que nuestro futuro estaba estrechamente ligado al futuro de los trabajadores del país y así fue como hicimos nuestras las aspiraciones de los trabajadores y campesinos chilenos y del gobierno de la Unidad Popular.

En este camino los pobladores de la población Arturo Prat unieron filas con fuerzas progresistas del país apoyando los cambios por mayor justicia social en Chile a través de tomas/ocupaciones de terrenos abandonados para pobladores sin casa; tomas de fábricas en donde sus dueños boicoteaban la producción para desprestigiar al gobierno ; tomas de oficinas públicas de gobierno en donde a veces la burocracia no respondía a las necesidades de la gente ; y toma del matadero local para prevenir la creación de un boicot artificial en contra del Gobierno de Allende para poder decir que ya no había donde comprar carne. Lo que nosotros hacíamos en esta pequeña ciudad provinciana en Talca, en la zona central de Chile, ocurría a lo largo y ancho de todo el país, pues se vivía una época de profundos cambios sociales gestados en la lucha parlamentaria, en las fábricas, el campo, las calles, las universidades y en cada rincón del país.

En este camino nuestra población pronto fue identificada como un 'nido de extremistas', 'comunistas' o "miristas" (miembros del Movimiento de izquierda Revolucionaria MIR - un partido más a la izquierda que el promedio de los partidos de la Unidad Popular (UP) que apoyaban a Allende).

Es verdad que nuestra acción tenía una dimensión política pero, verdaderamente, era algo mucho más grande que eso: era la vida de la gente sencilla tratando de crear un futuro mejor para ellos y sus hijos. En este sentido era un concepto de política profundamente diferente al concepto tradicional de los politiqueros de carrera que acostumbraban a manipular a la gente para sus propios beneficios. Naturalmente que mucha gente, como yo mismo antes de esta experiencia, no queríamos saber nada de política porque sabíamos que se trataba sólo de promesas y mentiras. Sin embargo, con la llegada de Allende y el gobierno de la Unidad Popular el concepto de política cobró una significación muy distinta basada en la vida real la cual no se podía ignorar.

La Verdadera Cara de la Derecha Politica Chilena

La profundización de la lucha política entre los trabajadores y la clase dominante quienes se disputaban el futuro de Chile, en aquellos días, se respiraba en todos los ámbitos de la vida del país. El Gobierno de Allende crecía en popularidad y aceptación lo que se demostró durante las últimas elecciones parlamentarias de marzo de 1973, seis meses antes del golpe militar, cuando la aprobación del Gobierno de Allende creció en un 8 %, del 37 al 45 %[24]. Este resultado obligó a la derecha política chilena a redoblar sus esfuerzos por tratar de eliminar a Allende de la manera que fuese, legal o ilegal, lo más pronto posible.

A pesar del gigantesco boicot económico-político nacional e internacional, a pesar del serio desabastecimiento artificialmente creado por la oposición, las largas colas que tenía que hacer la gente para poder comprar sus productos básicos[25] y la frustración que ello creaba, más y más gente apoyaba a Allende y su programa de cambios sociales. Con el resultado de estas elecciones la derecha política se dio cuenta que necesitaba apurar su paso como a su vez considerar otras alternativas para terminar con el Gobierno de la Unidad Popular.

Dentro de este contexto de agudización de la lucha de clases en Chille, nuevos intentos de asesinatos y golpe militar se vieron frustrados una vez más, pero creció la conciencia de que tarde o temprano habría enfrenta-

---

[24] Diario Le Monde Diplomatique, edicion Chilena, Dic. 2012

[25] Edicion Digital del Centro Documental Blest 07.02.2002

mientos entre estas dos fuerzas antagónicas que se disputaban el futuro del país. Sin, embargo, de lo que jamás logramos darnos cuenta antes fue que, por supuesto, la derecha política chilena contaría con el absoluto respaldo de las Fuerzas Armadas mientras que el pueblo, los trabajadores, su gobierno y nosotros quienes les apoyábamos solo contaríamos con nuestros ideales y buenas razones, lo cual más tarde nos daríamos cuenta que no sería suficiente para hacer cambios profundos en una sociedad.

Algo que, desgraciadamente, támpoco nunca tuvimos muy claro es que, en dicho enfrentamiento, una de estas fuerzas, la derecha, estaba totalmente armada y apoyada por una de las potencias más grandes del mundo como lo era Estados Unidos. Sin embargo, la otra fuerza sólo tenía ideales, sueños y aspiraciones por una sociedad más justa.

En las universidades el debate y enfrentamiento político crecía a paso veloz como una caja de resonancia del debate político que ocurría en todo el país en todos los planos de la vida nacional.

Medidas radicales de transformación tomadas por Allende como la nacionalización del cobre[26] el cual a través de su historia siempre había estado en manos de empresas privadas inglesas y posteriormente en manos de multinacionales norteamericanas, y la reforma agraria [27] hicieron acrecentar los esfuerzos de la derecha política chilena por desplazar a Allende.

Todas estas medidas comenzaron a perjudicar a la derecha política chilena como a las grandes empresas

---

[26] Ley de Nacionalización del Cobre, Camara de Diputados de Chile, 2010

[27] Memoria Chilena, Biblioteca Nacional Digital de Chile

privadas nacionales y multinacionales lo que les llevó a usar el sistema judicial, parlamentario, los medios de comunicación de masas y las Fuerzas Armadas no solo para frenar sino también impedir estos cambios. Allende y el pueblo sólo tenían el poder ejecutivo es decir la presidencia del gobierno, pero no tenían la fuerza para mandar a los otros poderes que comenzaban a socavar su autoridad. En otras palabras, Allende no tenía ni tuvo nunca el poder para realizar todos los cambios que se proponía.

En estas circunstancias la derecha política se organizó a todo nivel a lo largo y ancho del país y trató artificialmente, de hacer creer que en Chile ya no se producía nada, de que el país estaba en una situación de caos y que todo se debía a tener un gobierno pro - socialista[28]. Al poseer el control mayoritario de los medios de comunicación de masa en el país, la derecha política tomó la iniciativa y su trabajo manipulador de persuasión no se pudo ignorar.

En el plano internacional, la derecha con el apoyo de USA, las compañías multinacionales y el Banco mundial unieron sus esfuerzos para precipitar la caída del gobierno de la Unidad Popular presidido por Allende. Evidencia de estos planes ilegales imperialistas se encuentra en los escritos de Richard Helms, director de la CIA, durante el gobierno de Richard Nixon. Richard Helms en sus notas recuerda que Nixon deseaba hacer que la economía chilena alcanzara un nivel de desesperación[29]. Al mismo tiempo a través del control por par-

---

[28] Prieto, Helio, 1973. *Los Gorilas estaban entre nosotros*. Editorial Tiempo Contemporaneo, Buenos Aires, pag. No 42.

[29] Powers, Thomas, *The man who kept the secrets Richard Helms and the CIA*. M.W. Books 1979.

te de la administración norteamericana del crédito financiero internacional cortaron el acceso de Chile a nuevos préstamos lo que pasó a ser un bloqueo financiero invisible contra Allende.

Inmediatamente, durante el primer mes después de la elección de Allende, la administración norteamericana estaba ya manipulando a los burócratas del Banco mundial para negar cualquier tipo de préstamos al gobierno de Allende.

Durante aquellos días en Chile, en aquel contexto de boicot orquestado por la derecha, la gran mayoría de los supermercados/ establecimientos comerciales cerraron sus puertas a lo largo y ancho del país. Sus dueños decían que los supermercados estaban "vacíos" ya que no tenían productos para vender "a raíz de la ineficiencia de las políticas económicas del gobierno de Allende"[30].

La prensa y medios de comunicación de masa, en manos de la derecha y liderados por el diario El Mercurio, tomaban fotos y hacían reportajes para hacer correr la noticia de que: 'el comunismo no funcionaba', que había que hacer 'colas para comprar pan, bencina, carne, etc[31].'. En aquellas circunstancias en Chile, los Carabineros, "las fuerzas de orden "decían que 'no podían hacer nada' al ver como los dueños del comercio a lo largo y ancho del país cerraban sus puertas en acción coordinada con la derecha política.

Los legisladores aducían que ellos tampoco podían

---

[30] Altamirano, Carlos, 1973. *Revista Punto Final*. Chile, Febrero 1973.Austral

[31] Araya, Pedro, 2008. El Mercurio Miente,(1967). Siete notas sobre escrituras expuestas. Revista Austral de Ciencias Sociales 22.04.2010

hacer nada 'ya que ellos solo estaban para garantizar el "orden público y la propiedad privada".

Entonces el caos comenzó a reinar en todas partes del país. La derecha política en su campaña por desestabilizar al gobierno culminó su boicot económico logrando paralizar todo el país. Los empresarios del transporte terrestre dieron la orden de estacionar sus camiones bloqueando la única carretera nacional que unía al país de sur a norte. Lo hicieron sabiendo que el país no contaba con un servicio nacional de ferrocarriles adecuado para re-emplazar las carreteras. Más tarde sabríamos que la CIA había pagado generosas sumas de dinero a los camioneros por su 'patriótica acción'[32]. La prensa anti gobierno decía: 'No se puede hacer nada, el comunismo no funciona'.

Un ejemplo de los esfuerzos desesperados por parte de la derecha política chilena por derrocar al gobierno de Allende quedó demostrado en su fallido intento de golpe militar el que fue conocido como el Tacnazo en base a que este fue planeado en el regimiento militar del mismo nombre. Este se llevó a cabo el 29 de junio de 1973, es decir menos de 3 meses antes del golpe militar llevado a cabo el 11 de septiembre de 1973.

Durante aquel fallido golpe militar los fascistas fueron detenidos por el General Carlos Prats quien permaneció leal a Allende y su gobierno. En esos momentos, Augusto Pinochet era el segundo en mando de tal modo que el apoyó a Prats y anunció varias medidas disciplinarias en contra de los militares golpistas. Posteriormente el General Prats decidió renunciar a su cargo como la máxima autoridad militar

---

[32] Barriga, José. Eiquetas: *Chile, Siglo XX*, DC, Derecha Economica, Historia de Chile

dando paso a Pinochet para tomar dicho cargo para lo cual juró lealtad al presidente Allende.

De esta manera Pinochet se puso en la posición de mando ideal para llevar a cabo su plan de terminar con el gobierno de Allende. Más tarde, las operaciones internacionales del terror Pinochetista acabarían asesinando al General Prats en Argentina.

Así funcionaba la propaganda de la derecha usando todas sus conexiones nacionales e internacionales para desprestigiar al gobierno de Allende.

En medio de esta campaña de amedrentamiento las mujeres de la clase alta del barrio Providencia salieron a la calle a protestar. Allí ellas hacen sonar sus cacerolas vacías [33]en un intento de hacer creer que no tenían alimentos ya que según ellas no podían comprar nada.

Mientras tanto los trabajadores y sus vanguardias políticas trataban de responder a estas provocaciones fascistas. En este contexto ¿que podríamos haber hecho nosotros y nuestros compañeros pobladores en la población?

¿Dejaríamos que los esfuerzos, progreso alcanzado, lucha y sueños de los pobres de Chile por un techo, una vivienda y una sociedad menos desigual simplemente se esfumaran sólo porque el gobierno norteamericano de Nixon, la CIA, las multinacionales, la oligarquía chilena junto con sus medios de comunicación de masas, el poder legislativo-judicial y las Fuerzas Armadas habían decidido poner fin a esta revolución pro - socialista elegida en democracia y en forma constitucional?

---

[33] Insunza, A & Ortega, I. *Bachelet La Historia No Oficial*, CIP, Universidad Diego Portales, 2005.

Bloquéo de los camioneros en octubre del 1972
(Fuente: terrorismodeestadoenchile.blogspot.de)

Nosotros éramos solamente un puñado de jóvenes idealistas junto a 360 humildes familias. No teníamos recursos ni dinero, ni vehículos ni teléfonos y mucho menos armas, pero sí teníamos una gran sed de justicia social y una profunda convicción de que el gobierno de Allende estaba comenzando a dar pasos importantes hacia una sociedad más justa y nosotros estábamos decididos a que este camino continuara.

Cada vez que las circunstancias lo exigían salimos a apoyar al gobierno de Allende, lo que para nosotros era apoyar a nuestros humildes pobladores y con ellos a los trabajadores, campesinos y pobres de Chile.

Una de las primeras y significativas acciones que tuvimos que realizar fue el tomarnosr las oficinas del Departamento de la Vivienda en respuesta a una burocracia que se negaba a escuchar nuestras peticiones. Sin embargo, más tarde las vueltas de la vida me encontrarían siendo acogido durante mis días en la clandestinidad, inmediatamente después del golpe, por un funcionario de este mismo Departamento de la Vivienda.

El era un arquitecto católico el que posiblemente discrepaba con nuestras posiciones políticas, pero, de manera reservada, posiblemente respetaba y admiraba nuestro testimonio cristiano y probablemente por eso puso en riesgo su seguridad y la de su familia al darme refugio en su casa cuando era buscado por los servicios secretos de la dictadura durante las primeras horas después del golpe militar.

En este contexto, estudiantes y pobladores hicimos una ocupación de las oficinas del Departamento de la vivienda y de esta manera logramos que el gobierno diera curso positivo a nuestra demanda que se construyeran viviendas para nuestros pobladores.

Posteriormente, como parte de esta misma lucha, tuvimos la necesidad de tener que hacer la toma de una cancha de futbol, la que estaba muy cerca de nuestra población, como la única forma de que se hiciera posible la construcción de una futura vivienda para nuestros pobladores ya que tenían que ser construidas en los mismos terrenos donde vivían puesto que no se les ofrecía ninguna otra posibilidad. ¿Entonces que alternativa tenía gente pobre sin más recursos que sus propias frágiles mediaguas ¿, obviamente, ninguna.

Recuerdo aquella noche heroica de la toma de la cancha de futbol como pobladores ancianos y jóvenes con sus familias desarmaron sus mediaguas y las volvieron a re-armar en el curso de la noche. Tendríamos que, una vez más, improvisar suministro de emergencia de electricidad, agua y servicios de aseo. Las mediaguas quedaron pegadas unas a otras y no podría haber sido de otra manera para poder dar cabida a tantas familias en un espacio mucho más reducido que en donde estaban antes. Sentimos el tener que haber privado a gente sencilla como nuestros pobladores de poder continuar haciendo uso de esta cancha de futbol, pero esta era nuestra única posibilidad de poder conseguir una vivienda.

Por supuesto, el representante máximo del partido Conservador de la ciudad de Talca hizo una declaración pública a través de sus medios de publicidad criticándonos por nuestra ocupación de esta cancha de futbol y al mismo tiempo burlándose de nuestra acción al declarar a la prensa que "nos felicitaba" por al menos no haber hecho una ocupación de la Plaza de Armas de la ciudad. Obviamente que no era fácil para un rico empresario comercial poder siquiera imaginarse lo que significaba vivir en aquellas condiciones infrahumanas.

A través de esta acción habíamos dado un paso más en nuestro camino de lucha por lograr una vivienda. Al mismo tiempo considerábamos que con esta medida estábamos apoyando al Gobierno de Allende y lo instábamos a no dejarse amedrentar por las acciones golpistas de sabotaje de la derecha, las que incluían la paralización del transporte y carreteras públicas, con el objeto de detener el normal funcionamiento del país. Dicha acción significaba que los pobladores no podrían recibir los materiales de construcción necesarios para iniciar los trabajos de edificación de sus viviendas. En estas circunstancias tuvimos que organizar comités de vigilancia nocturnos en nuestra población para evitar ataques de bandas fascistas que intentaban detener el avance de la construcción al tratar de inmovilizar el transporte de materiales a lo largo del país.

La Camara de Comercio, que agrupaba a los propietarios de los principales comerciantes del país, decidió sumarse al boicot derechista para desestabilizar el gobierno de Allende y llamó a cerrar sus puertas al público aduciendo que no tenían productos de abastecimiento como consecuencia del "gobierno nefasto de la Unidad Popular".

Los dueños de establecimientos comerciales escondían los productos de primera necesidad con la complicidad del poder judicial y las fuerzas del orden público. Como consecuencia de dicha acción la gente necesitaba hacer largas colas por horas simplemente para poder comprar productos esenciales básicos como azúcar, aceite, arroz, los que rápidamente "se agotaban" y así los medios de comunicación de la derecha política se encargaban de continuar su trabajo de sedición publicando fotos en la prensa y televisión mostrando un país paralizado, según ellos "por la incompetencia del comunismo". ¿Que podríamos hacer nosotros siendo solo un puñado de jóvenes idealistas junto a estas 360 familias ¿.

Ciertamente que no nos quedamos esperando la derrota total del proyecto por una sociedad más justa liderado por Allende. Entonces salimos a las calles y muy pronto nos descolgamos como un huracán humano en el centro comercial de la ciudad de Talca en donde comenzamos a abrir las puertas/cortinas metálicas de aquellos establecimientos comerciales cerrados solo para crear desabastecimiento artificial como una forma de precipitar la caída del gobierno de Allende. Cuando todo el comercio organizado cerró sus puertas y se negó a abastecer al público de sus necesidades básicas, la fuerza pública, los Carabineros, los militares, el poder judicial decían que "no podían hacer nada" pues ello solo resguardaban el orden público y la propiedad privada, pero cuando llegamos a abrirles sus puertas, entonces, las fuerzas públicas(los pacos) nos llevaron presos y el poder judicial comenzó a procesarnos por crear desorden público y atropello a la propiedad privada. Y todo esto, según la derecha política, tomando lugar en un gobierno en donde se decía que no había democracia.

Nuestra resistencia no se detuvo y simplemente no podría haberse detenido por la provocación, el abuso y el atropello golpista/fascista era cada día mayor. Este boicot económico obviamente afectó a la gente más humilde del país ya que ellos solo podían comprar sus necesidades día tras día. Este desabastecimiento artificial por supuesto que no afectaba a la clase alta la cual podía comprar provisiones por un mes o más, además de pagar precios excesivos en el mercado negro si era necesario. Sin embargo, la prensa de derecha continuó su propaganda acusando al gobierno como responsable de que la gente no tuviese donde comprar sus necesidades.

Pronto esta misma escalada fascista impulsó a los universitarios de derecha a tomarse la Universidad de Chile - Talca para impedir la continuación de las clases y así contribuir a la escalada nacional e internacional de boicot en contra de Allende. Luego enseguida cerraron todas las carnicerías para privar al público del consumo normal de carne. Todo esto bajo la consigna de no poder tolerar más a "un gobierno que estaba introduciendo el caos en el país".

Siendo nosotros también estudiantes de esta misma universidad no tuvimos otra alternativa que organizar una re-toma de dicha universidad cuando sacamos a la fuerza a los estudiantes y académicos fascistas, lo que hicimos sin mayores problemas aparte de algunos roces personales con los derechistas atrincherados allí.

Más tarde, inmediatamente después del golpe militar el dirigente principal de la extrema derecha en Talca, Guillermo Monsalve, la organización político-militar chilena llamada ' Patria y Libertad', fue designado interventor oficial de la Universidad de Chile en Talca a nombre de la dictadura y responsable de emitir decretos de cierre de todas las carreras universitarias relacionadas con asuntos sociales, económicos, filosóficos y políticos, además de decidir la expulsión inmediata de decenas de académicos y estudiantes considerados una amenaza para la ' buena convivencia universitaria'.

Por supuesto, mi escuela de Trabajo Social fue cerrada inmediatamente y al mismo tiempo mi compañera, yo y muchos de mis compañeros fuimos expulsados de la universidad. ¡Así de simple, casi cinco años de estudios universitarios a tiempo completo borrados con solo una pincelada! El decreto de expulsión que recibí señalaba como razones de mi expulsión, después de estar solo a meses de terminar mi Carrera, las siguientes razones para esta decisión:

- "Haber alterado la convivencia universitaria" (lo que obviamente se refería a nuestra reocupación de la universidad)
- "Haber vivido en una población marginal", punto de vista que reconocía la división de clases sociales existentes entre "gente universitaria "y la "chusma" de nuestro pueblo (término peyorativo para referirse a la gente pobre la cual es considerada que no vale nada).

Todo esto sucedía después de estar solo a meses de terminar una carrera universitaria la que había costado un gran esfuerzo financiero a mi madre y a mí me había tomado años de estudios.
Aún en medio del estado de shock producido por el golpe militar el que nos cambió la vida en todos los planos y para peor, las primeras horas, días y semanas después del golpe nos exigían, en primer lugar, tratar de proteger nuestras vidas y en segundo lugar evitar ser detenido. Estas dos cosas eran, ahora, nuestra razón de existir. Por lo mismo, el hecho de haber sido expulsado de la universidad, aunque muy importante para mi futuro laboral, dentro de aquel contexto, no fue mi primera preocupación. ¿Y como podría serlo si estaba consciente de que ya decenas de compañeros estudiantes universitarios no solo había sido expulsados de la universidad, sino que estaban encarcelados o perseguidos?
Como el boicot sistemático de la derecha fascista continuaba en todos los frentes de la vida diaria tratando de crear el mayor caos posible para así justificar la intervención militar, en nuestra ciudad el gremio de abasteros local decidió cerrar sus puertas dejando la reserva de animales abandonados en el matadero local. En esos días tuve la ingenuidad y osadía propia de un joven idealista y me infiltré en una reunión del gremio de abasteros en donde obtuve la información sobre sus planes. Esto nos permitió organizarnos y así estudiantes y académicos universitarios junto a los pobladores nos tomamos el matadero local para poder distribuir la carne, la que la oposición política planeaba simplemente dejarla que se pudriera. Hicimos la distribución de la carne a través de las Juntas de Abastecimiento Popular

(JAP) que eran los grupos de base de poder popular de cada comunidad a nivel local y nacional para tratar de paliar el boicot económico-político sistemático de la derecha quien trataba de esconder productos básicos de abastecimiento.
En aquel tiempo, el General de Aviación Alberto Bachelet quien era funcionario del Gobierno del presidente Salvador Allende, por orden de su institución la Fuerza Aérea, tuvo la misión de velar por la seguridad del abastecimiento a nivel nacional. Esto era esencial para disminuir las consecuencias del boicot de la derecha, y por tanto se ganó el odio de la clase alta y los enemigos de Allende. El General Bachelet, después del golpe fue detenido y torturado por sus propios camaradas de la Fuerza Aérea y murió en la cárcel, en marzo de 1974, a causa de las torturas [34].
Su hija, Michelle Bachelet y su esposa, Ángela Jeria, estuvieron detenidas durante dos semanas en Villa Grimaldi, una de las cárceles secretas de la dictadura, y en enero de 1975, apenas dejaron la prisión ambas marcharon al exilio a Australia y la Republica Democrática Alemana. Solo pudieron regresar a Chile en 1979.

Michelle Bachelet, fue recientemente elegida presidente de Chile por segunda vez. El 11 de marzo del 2014 asumió la presidencia y recibió la banda presidencial de manos de la presidenta del Congreso, Isabel Allende, hija de Salvador Allende quien fue derrocado por el golpe militar de Pinochet.

En la toma del matadero municipal de Talca nos apoyó el compañero Francisco Reyes, quien en aquel entonces era intendente de la provincia, la máxima autoridad gubernamental y miembro del partido socialis-

---

[34] Degenter, Pedro & Pottier, Eugenio, *Cantos Revolucionarios* 1871.

ta. Más tarde este compañero y yo nos volveríamos a encontrar en los cuarteles del Regimiento militar de Talca en donde se nos comenzaba a torturar solo días después del golpe militar. Recuerdo aquella noche en el matadero municipal de Talca cargando y transportando animales listos para ser descuartizados y llevados a distintas Junta de Abastecimiento Populares (JAP) para distribuir y vender la carne de manera equitativa y a precios justos (precisamente lo opuesto a lo que hacían los comerciantes golpistas quienes promovían el mercado negro y el abuso de precios excesivos). La casa de la señora Elvira, Bety y su familia, caracterizada por su generosidad ilimitada, se transformó en el centro de distribución popular de carne en nuestra población.

Recuerdo que, en un momento de alegría al haber frustrado los planes de la derecha, allí en el matadero, en medio del calor de cargar y descargar animales para ser llevados a distintas JAPS, nos encontramos cantando la Internacional socialista con nuestros puños en alto, todos juntos, abrazados, pobladores y estudiantes en nuestra marcha por construir un Chile más justo y mejor.

Arriba los pobres del mundo
De pie los esclavos sin pan
Alcémonos todos al grito
¡Viva la Internacional!
Patria de la humanidad[35]

En aquellos casi milagrosos y románticos momentos este himno de lucha liberadora era como la sangre de

---

[35] Wyman, Eva Goldschmidt, 2002

nuestra vida que resumía nuestra lucha y nuestros sueños.

Recuerdo otro pequeño ejemplo sobre el tipo de acciones que llevábamos a cabo con el propósito de detener la arremetida fascista que amenazaba la continuidad del gobierno de Allende.

Cuando la derecha política manipulando al gremio de los comerciantes decidieron esconder el gas que era esencial para las familias de los trabajadores para poder cocinar y el que en aquel entonces llegaba a las casas en envases metálicos, nuevamente, estudiantes y pobladores junto a los trabajadores salimos al paso. En respuesta a este sabotaje nos tomamos una planta distribuidora de gas la que pertenecía al líder máximo de la derecha política de la ciudad, como una manera de tratar de poner el término de dicha acción de sabotaje.

Es verdad que nuestros pobladores inicialmente comenzaron a luchar sólo por un techo donde vivir pero poco a poco iban comprendiendo que su lucha estaba estrechamente unida a algo mucho más grande que el sueño de una vivienda y que esta misma legítima aspiración también podía ahogarse si se permitía a la derecha política paralizar y derrocar al gobierno de Allende.

Canto y Poesía en la Población

Era emotivo y a la vez un motivo de orgullo ver el significativo camino que nuestros compañeros pobladores habían recorrido en menos de tres años, especialmente teniendo en cuenta que antes, y lo que yo personalmente comprendía claramente el porqué, no querían saber nada de política, como yo mismo, y que ahora tomaban su lugar de lucha como chilenos conscientes de su papel histórico en aquellas difíciles circunstancias en que vivía el país.

Al recordar aquellos días viene a mi memoria un momento muy feliz de recordar: Mientras estaba conversando con las Sras. Gloria, y María, con quienes ya nos conocíamos muy bien y quienes me apreciaban igual como si fuese hijo suyo, ocurrió un intercambio muy especial. Estas dos queridas compañeras y amigas antes tenían una mentalidad conservadora pero ahora se habían transformado en luchadoras sociales leales a su población y al proceso de cambios que vivía el país, además de continuar siendo la espina dorsal de sus familias. Cuando se aproximaban unas elecciones locales, estando los tres allí en la mediagua del centro de madres, ellas, con un poco de verguenza y timidez me dicen: "Don Tolo" - como ellas me llamaban- "por favor enseñenos de política y díganos por quien deberíamos votar en la próxima elección". Su confianza y cariño es algo que aun me enorgullece de recordar. Mi respuesta fue breve y a la vez respetuosa: "Sra. Gloria, Sra. María, yo les agradezco mucho vuestra confianza en mí pero yo difícilmente podría enseñarles de política a Uds. quienes han vivido tantas privaciones y a pesar de todo, cada día, se levantan llenas de fuerzas para seguir apoyando a vuestras familias y a la vez continuar siendo tan solidarias con todos los que lo necesitan. Mi modesta intención es continuar apoyándolas en todo lo que Uds. y la población me pidan pero no me cabe la más mínima duda de que Uds. solas, sabrán decidir por quién votar". Al final de nuestra conversación nos abrazamos los tres y continuamos nuestros propios caminos con lo que teníamos que hacer aquel día.

Tal vez el contexto nacional con tanta energía y deseos de cambios en todos los planos por una sociedad mejor o nuestro activismo político comunitario por una sociedad más justa, o ambas cosas, nos hacía continuar sin detenernos. Así fue como continuamos impulsando la organización de más pobladores sin casa, muchos de ellos eran los propios hijos mayores de nuestros compañeros pobladores en cuyos hogares ya no cabían tantas personas juntas.

Esta situación nos llevó a realizar una toma de terrenos abandonados de propiedad de un empresario local y así creamos un nuevo campamento en los márgenes de la ciudad que pasó a llamarse campamento "Camilo Torres" en recuerdo del sacerdote revolucionario colombiano. Ahora me doy cuenta de que era mucho más fácil ser 'revolucionario' en aquellas circunstancias sabiendo que el gobierno de nuestro compañero Allende no mandaría a las fuerzas policiales a reprimirnos y encarcelarnos como lo habían hecho antes los gobiernos conservadores anteriores.

En otro campamento llamado 'Che Guevara', en nuestra misma ciudad, se crearon dos comunidades más de compañeros estudiantes universitarios también interesados en apoyar a los pobladores y sus luchas. Estas comunidades de vida probablemente nacieron siguiendo el ejemplo de nuestra comunidad en la población Arturo Prat, la cual fue la primera comunidad de este tipo que existió en Talca.

En una de estas comunidades, también motivada por el deseo de ser cristianos consecuentes, vivió mi amigo y compañero Tano quien fue ejecutado semanas después del golpe militar junto a otros tres compañeros cuando solo tenía veinte y dos años de edad bajo la excusa universalmente ya conocida como 'la ley de fuga' en donde los militares decían que sus detenidos políticos habían tratado de arrancarse y por tanto quedaban sin otra opción que disparar. En aquella comunidad también vivió mi amigo y compañero "Checho" con quien, junto a Tano y otros amigos iniciamos nuestro camino en la juventud de estudiantes católicos en nuestro pueblo natal de San Javier.

En el campamento 'Che Guevara' de Talca también se formó otra comunidad de jóvenes universitarios con los mismos intereses que la nuestra, pero motivados principalmente por convicciones políticas revolucionarias y con quienes éramos buenos compañeros y amigos. La mayoría de ellos fueron expulsados de la universidad, encarcelados y torturados. En este campamento conocimos a nuestros compañeros pobladores Elisa Albornoz (Licha) y Javier Segundo Alvear Espinoza (el Flaco), quienes estaban fuertemente comprometidos con el proceso de cambios para crear una sociedad más justa en Chile. Ellos se habían conocido a través de su participación en la Juventud de Obreros Católicos en la parroquia San Luis en Talca. Ambos fueron solidarios con sus compañeros del campamento y consecuentes con sus ideas socialistas. Este compromiso llevaría a Javier a perder su vida en un enfrentamiento con Carabineros después del golpe mientras se preparaba a resistir a la dictadura en compañía de sus compañeros Antonio y Rubén, miembros de MIR, quienes fueron posteriormente detenidos y fuertemente torturados. El asesinato de Javier dejó a Licha sola, con sus cinco hijos pequeños y sin la más mínima protección social ni económica lo que la forzó a tener que dejar su país. La otra comunidad fue formada por amigos y compañeros universitarios nuestros cuya motivación era principalmente de consecuencia política y revolucionaria. La mayoría de todos estos jóvenes compañeros, inmediatamente después del golpe militar fueron expulsados/as de la universidad, perseguidos y detenidos.

En nuestros sueños revolucionarios miles de jóvenes marxistas, cristianos, agnósticos, e independientes, todos, nos unimos en forma indisoluble en esta lucha por crear una sociedad más justa y menos desigual.

A través de todas estas acciones locales, en una ciudad de aproximadamente 150,000 habitantes, nuestra población A. Prat y nuestra comunidad de estudiantes universitarios viviendo allí pasamos a ser catalogados como "extremistas" por la gente de derecha o como "idealistas" por la gente con ideas más progresistas.

Sin embargo, quizás no éramos ni lo uno ni lo otro, sino que simplemente la historia nos había dado el privilegio de poder abrir no solo nuestros ojos y mentes sino también nuestros corazones y simplemente queríamos denunciar la injusticia sobre las condiciones infrahumanas en que vivía mucha gente pobre.

Pero no toda nuestra vida consistía en discusiones políticas, filosóficas, debates, tomas o manifestaciones políticas callejeras.

El cantante Victor Jara (Fuente: www.tlaxcala-int.org)

Durante el breve período del Gobierno de la Unidad Popular en Chile la poesía y el canto nuevo de nuestra época de cambios también tenían su expresión diaria en nuestras vidas como jóvenes y en nuestra población. Allí estudiantes universitarios y pobladores nos reuníamos a escuchar y a cantar las canciones de cantantes populares comprometidos con el sueño de construir una sociedad menos desigual y de paz no solo en Chile, sino que en el mundo entero. Uno de aquellos fundadores del canto nuevo de nuestra generación fue el compañero cantante popular Víctor Jara, miembro del Partido Comunista quien fuera asesinado en el estadio Chile, el que pasó a convertirse en uno de los primeros campos de concentración, tortura y ejecución en los primeros días después del golpe militar. Víctor Jara fue torturado, golpeado y finalmente ejecutado con cuarenta y cuatro balas el 15 de septiembre 1973 cuando solo tenía 41 años de edad[36] . Su compañera esposa inglesa Joan Jara tuvo que dejar el país con sus pequeñas hijas bajo desgarradoras circunstancias[37].

El espíritu indomable de libertad y humanidad del artista se mostró en las últimas horas de vida de Víctor Jara, quien antes de que lo ejecutaran, escribió un poema mientras se encontraba detenido en el estadio Chile donde fue torturado y asesinado. Los pedazos de papel en donde él escribió su último poema fueron sacados afuera por aquellos que sobrevivieron. Estas fueron algunas de las líneas de su último poema[38] :

Somos 5000 en esta pequeña parte de la ciudad,
Somos 5000
¿Cuántos seremos en total
en las ciudades y en todo el país?
...
¿Es este el mundo que creaste, dios mio?
¿Para esto tus siete días de asombro y trabajo?
...

---

[36] Gonzalez, Monica, *Los Asesinos de Victor Jara El Ultimo Secreto*. Articulo en www.casos vicaria.cl de periodismo UDP y el Centro de Inbvestigacion y Publicaciones CIP 2014
[37] Jara, Joan, *An Unfinished Song : The Life of Victor Jara*. Tickson & Fields, 1984.
[38] Neruda, Pablo. *Veinte Poemas de Amor y una Canción Desesperada*. Editorial Nascimiento 1924

¡Canto que mal me sales
Cuando tengo que cantar espanto!
Espanto como el que vivo
como el que muero, espanto.
...

El mensaje de paz, amor y justicia social de las canciones de Víctor Jara voló más allá de los andes chilenos y fue escuchado a través del mundo entero especialmente por aquellos con oídos receptivos a los cantos libertarios. En Gales este mensaje fue especialmente acogido por Dafydd Iwan, ex presidente del Partido independista galés Plaid Cymru y cantante popular quien no sólo se impresionó con la creatividad artística y el mensaje de paz de Víctor Jara sino que, además, le compuso su propia canción en su memoria[39].

Canción a Víctor Jara

En Santiago en 1973
Cantó sus canciones durante horas muy duras
cantó sus canciones en el estadio de la violencia
desafió a las armas
con su guitarra y su voz
en Santiago del 1973

Durante el 40° aniversario del golpe militar que asesinó a Allende, recordado en el edificio del Senado galés en Cardiff en 2014 organizado por el sindicato de trabajadores Unison bajo la dirección del compañero Roger Bevan, tuve el privilegio de saludar y escuchar esta canción compuesta y cantada por Dafydd Iwan, folklorista e incansable luchador social por la dignidad

[39] Iwan, Daffyd, *Bod Yn Rhydd* 1979

e independencia del pueblo galés. Cada vez que la escucho no solo se me hace un nudo en la garganta y se me llenan los ojos de lágrimas, sino que es algo así como trasplantar todo mi ser cuarenta años atrás y volver a sentir el dolor más grande de los dolores causado no solo por lo que se pierde y las vidas que se van, sino que especialmente por sentir el inaceptable triunfo de la injusticia sobre la base de la fuerza y la traición.

El legado de Víctor Jara y su mensaje de paz y amor continúa siendo mantenido vivo en Gales a través del festival anual de música, poesía, danza y debate político conocido como "El Sueño Existe" que se celebra en su homenaje, en Machynlleth, Gales, gracias al esfuerzo continuo de un grupo de compañeros dirigidos por Tony Corden quien es un incansable admirador del mensaje y legado de Víctor Jara.

En aquellos días de cambios, sueños, luchas, discusiones también leíamos, escuchábamos y recitábamos poemas de distintos poetas como Ernesto Cardenal, sacerdote-poeta revolucionario nicaragüense; Pablo Neruda, poeta y premio Nobel de literatura chileno, quien durante los años de la dictadura de Franco, en 1939, ayudó a cientos de republicanos a buscar refugio en Chile con acuerdo del Presidente Pedro Aguirre Cerda y mundialmente conocido por su universalmente famoso poema llamado Poema Veinte:

Puedo escribir los versos más tristes esta noche,
escribir por ejemplo, la noche esta estrellada y tiritan,
azules, los astros a lo lejos.
el viento de la noche gira en el cielo y canta
puedo escribir los versos más tristes esta noche.
la tuve tantas veces entre mis brazos bajo el cielo
infinito…

Otro poema de Neruda que nos inspiraba durante aquel tiempo era 'Oda al aire', el que decía:

No sé quién eres, pero una cosa te pido, no te vendas. El agua se vendió y de las cañerías en el desierto he visto terminarse las gotas y el mundo pobre, el pueblo camina con su sed tambaleando en la arena.

No aire no te vendas que no te canalicen, que no te entuben, que no te encajen ni te compriman, que no te hagan tabletas, que no te metan en botellas

A través de nuestra lucha apoyando al Gobierno de la UP como a través de estas canciones y poemas soñábamos con una sociedad nueva, con hombres y mujeres nuevos, modelos los cuales tratábamos de emular en nuestra vida diaria personal y valores de justicia social, paz y fraternidad no sólo para Chile, sino que para toda la humanidad.

Movidos por este espíritu internacionalista de paz y solidaridad participamos activamente en denunciar las atrocidades de la guerra en Vietnam por los EEUU como también criticábamos políticas totalitarias como la invasión de Checoeslovaquia por la URSS. Nuestro norte era solo la justicia social, la liberación de los oprimidos y la paz. Sentíamos que estábamos conquistando nuestro futuro y que no habría vuelta atrás. Por supuesto, en esos años, éramos muy jóvenes y no habíamos experimentado en carne propia la verdadera cara del fascismo y su decisión de exterminar físicamente cualquier forma de oposición a sus planes. Obviamente, habíamos leído mucho pero quizás vivido muy poco.

Nuestra población durante el Gobierno de la Unidad Popular de Allende ya se acostumbraba a recibir muchos estudiantes y académicos universitarios que venían a hacer trabajo voluntario con niños y adultos en las áreas de alfabetización, higiene, cocina, cuidado de niños, música, arte y entretención. Lo que para los pobladores era algo nunca antes visto, para los estudiantes y académicos universitarios era también una experiencia igualmente jamás imáginada. A través de esta experiencia inédita la educación superior había encontrado una forma de expresión en donde al compartir sus conocimientos con los sectores más desposeídos de la sociedad, curiosamente, terminaba enriqueciéndose, es decir aprendiendo algo no solamente nuevo, sino que único y lo que no podía nacer dentro de las aulas académicas. Todos estos cambios que vivíamos a un nivel local y personal en una pequeña ciudad a 350 km al sur de Santiago, la capital del país, ilustraban los grandes cambios a nivel nacional iniciados por el gobierno de la U.P presidido por Allende.

Aparte de medidas radicales introducidas por Allende como la nacionalización del cobre, la reforma agraria, la democratización de la educación, el crecimiento masivo de empleo, de construcción de viviendas, mejoramiento del sistema de salud y una participación cada vez más activa de los trabajadores en el manejo de la producción, este nuevo amanecer de un Chile menos desigual se comenzaba a apreciar de manera tangible en nuestro alrededor.

Comenzábamos a ver como niños pobres podían usar una piscina del Regimiento militar local, que los jóvenes de modestas familias podían ahora llegar a la universidad a estudiar sin tener que pagar y que los sin casa veían la posibilidad de contar con un techo. Ahora cada niño chileno recibía gratis un medio litro de leche diario, que nuestros hermanos latinoamericanos perseguidos por dictaduras militares en Brasil, Argentina, Bolivia, Uruguay podían encontrar refugio en nuestro país y que la juventud ya no necesitaba seguir cantando canciones en inglés porque ahora ellos creaban su propio canto en su propia lengua. Ahora los jóvenes disfrutaban volcándose al campo y a los barrios marginales pobres a lo largo y ancho del país para hacer trabajo voluntario durante las vacaciones de verano en donde miles de jóvenes universitarios participaban haciendo clases de alfabetización, primeros auxilios, nutrición, arte, música, deporte, bailes, poesía y muchas otras actividades.

En aquellos días ese era nuestro mundo, nuestra vida, nuestra "adicción". Muchos de estos jóvenes estudiantes universitarios, más tarde, después del golpe militar, aparecerían en las listas de chilenos ejecutados o desaparecidos por la dictadura. Sí, la pasión por la justicia social, la entrega generosa por apoyar a las comunidades más desválidas del país, ¡todo eso representaba un "peligro para la seguridad nacional"! De esta manera la dictadura trataba de justificar sus crímenes bajo el pretexto de su doctrina de la "seguridad nacional" según la cual cualquier persona que la dictadura percibiera como una posible amenaza podía ser detenida o ejecutada, como ellos quisieran, sin necesidad de ninguna, evidencia, sentencia o proceso judicial.

Victor Jara (Fuente: bligoo.cl)

Tejas Verdes

Es verdad que los recuerdos están en nuestras memorias, pero, a veces, también los mismos recuerdos parecieran perseguirnos o quizás sean los mismos espíritus de nuestros compañeros desaparecidos. Así al menos lo sentí cuando en octubre del año 2009, María Cristina, mi compañera, y yo nos encontrábamos caminando en la Plaza Santa Ana cerca del barrio de la Puerta del Sol en Madrid, alrededor de algunas salas de teatro. De pronto y por casualidad, desde la distancia, vemos un cartel con la inscripción 'Tejas Verdes'.

Sin saber de qué se trataba nos llamó la atención puesto que recordábamos aquel nombre. Sabíamos de la existencia de un lugar de tortura con el mismo nombre en nuestro país. En este recinto, entre miles de casos de abusos cometidos por la dictadura militar se encontró una joven universitaria apodada "Colorina" quien fue torturada en el campo de concentración del Regimiento Tejas Verdes cerca de Santiago y luego hecha desaparecer.

¿Pero, que tendría esto que ver con este cartel escrito en Madrid, España? Al acercarnos más nos dimos cuenta de que se trataba del anuncio de una obra de teatro sobre una joven estudiante universitaria chilena que había sido detenida y luego hecha desaparecer durante la dictadura militar simplemente por ser considerada una amenaza contra la seguridad nacional. Conocíamos el tema y la historia, pero decidimos entrar a ver esta obra principalmente motivados por la posibilidad de encontrar a otros chilenos exiliados en Madrid.

Este no fue el caso, pero la presentación de la obra nos conmovió de tal manera que comenzamos a soñar con intentar de traerla a Swansea, a nuestra gente.

Felizmente logramos hacerlo realidad gracias al entusiasmo y determinación de nuestra amiga Lali Castellanos, periodista y actriz, el apoyo del Centro de Promoción de las Artes en Gales, el Centro Cultural Dylan Thomas, la Comunidad latino-americana de Swansea dirigida por nuestra amiga Patricia Martinez y de manera muy especial nuestros amigos Meic Haines y Caroline Jones quienes generosamente hicieron la traducción y prepararon los subtítulos del castellano al inglés.

'Tejas Verdes' es una obra creada por Fermín Cabal que narra la desaparición de una joven chilena, basada en un hecho real, durante la dictadura de Pinochet. Esta obra, unos años después fue adaptada a una producción teatral por la compañía de teatro Linden de Madrid dirigida por Pape Pérez, director y profesor de teatro. Logramos presentar esta obra en Swansea en el Teatro Taliesin de la universidad y el Centro Cultural Dylan Tomas en febrero del 2011 con motivo de la celebración anual de la sociedad Latino-americana de Swansea. Más de 200 personas de Swansea se estremecieron al presenciar esta obra al poder formarse una idea sobre la brutalidad de los crímenes de la dictadura militar chilena. Los comentarios de la audiencia después de aquella presentación pueden ser ilustrados en solo una frase:

"Es increíble como miles de personas en Gales, el Reino Unido, Europa y el mundo entero hemos sido mantenidas ciegas y sordas frente a tanta crueldad". "Nunca antes habíamos sabido que había habido otro igualmente horroroso 9/11, pero en Chile, en 1973, apoyado por el gobierno de los EEUU"

Afiche para una producción en 2015 de la obra 'Tejas Verdes'
(Fuente: madridesteatro.com)

Memorial para las victimas de la dictadura quienes fueron asesinados en el centro de tortura Tejas Verdas. La foto es de 2014 cuando descubrieron huesos humanos en este recinto (Fuente: globedia.com/descubren-huesos-humanos-cerca-excentro-torturas-dictadura-chilena)

Afiche de Unidad Popular, 1970: "Venceremos" (Fuente: albavolunteer.org)

Bombardeo del palacio La Moneda en Santiago el 11 de septiembre, 1973 (Fuente: ada.evergreen.edu)

Golpe Militar

El programa de cambios económicos y sociales del gobierno de Allende no estaba solo basado en las ideas de los lideres de sus partidos políticos, sino que había un mar de chilenos, especialmente la juventud, que los apoyaban con entusiasmo día tras día a través de su trabajo de concientización en fábricas, universidades, poblaciones marginales, el campo, las minas y a través de todo el país.

Nosotros y nuestros compañeros pobladores, como la mayoría de la gente modesta y consciente del país, estábamos convencidos de que Chile cambiaría, pues ya estaba cambiando bastante pero que aún había mucho por hacer. Para nosotros, como jóvenes estudiantes universitarios, sin embargo, todo nos parecía muy lento. Un día de veinte y cuatro horas no nos era suficiente para todo lo que necesitábamos y queríamos hacer. Para muchos de mis compañeros el día comenzaba con trabajo voluntario, reuniones en poblaciones y sindicatos, reuniones de capacitación y educación política, manifestaciones callejeras, tomas de terrenos, reuniones de partido," rayados callejeros ", de vez en cuando una asistida a clases a la universidad, lectura, preparación de debates y acciones en respuesta a provocaciones de la derecha.

Nuestra vida corría muy rápido pero no lo suficientemente veloz como para poder alcanzar nuestros ideales al día siguiente como queríamos. Éramos muy jóvenes y sin experiencia como para comprender cabalmente lo que significaba intentar cambiar una sociedad y además, tener como vecino a los Estados Unidos, el país más poderoso del mundo con sus políticas imperialistas de dominación.

No teníamos conciencia del papel ni de la dependencia ideológica de las Fuerzas Armadas chilenas con respecto al sistema de dominación imperialista de los Estados Unidos, habíamos ingenuamente creído que las Fuerzas Armadas existían para defender nuestro país y a los chilenos, no estábamos conscientes del papel de los Estados Unidos y su poderoso servicio de inteligencia (CIA) y de la influencia económica mundial de las compañías multinacionales en colaboración con la oligarquía nacional chilena.

Por supuesto, no supimos valorar suficientemente la gigantesca fuerza de manipulación de los medios de comunicación de masas en manos privadas como tampoco supimos darnos cuenta de que el poder judicial chileno continuaba respondiendo a los intereses de la clase dominante.

En otras palabras, tratamos de construir un Chile nuevo sobre unas viejas bases creadas para mantener la desigualdad y la explotación.

Todo esto transcurría en aquellos días hasta el 10 de septiembre del 1973 en Chile, cuando aquella noche celebrábamos con nuestros compañeros pobladores la decisión oficial del Departamento de la Vivienda de nuestra ciudad de que se construiría una población nueva para los hasta ahora siempre olvidados humildes pobladores de la Población Arturo Prat en donde vivíamos.

Aquella noche nos fuimos a acostar muy tarde después de la celebración. Nos dormimos cargados de sueños revolucionarios como siempre, pero esta vez con una buena razón como para sentir de que estábamos avanzando. Sin embargo, jamás nos imaginamos de que con nuestro despertar comenzaría una pesadilla que jamás habría de terminar.

Septiembre es el mes en el que llega la primavera en Chile y al ver el regreso del sol y los arboles brotando en flor hay un sentimiento de esperanza flotando en el aire como si algo bueno fuese a suceder. Es algo así como los signos naturales de la vida que comienza a renacer. Sin embargo, este nuevo septiembre iba a ser muy diferente en mi país y nada que se asemejase a esperanza, renacer o vida, sino que a desilusión, esterilidad y muerte.

Al día siguiente, el 11 de septiembre de 1973, aquel 9/11 el cual hasta hoy día las fuerzas conservadoras de dentro y fuera del país prefieren ignorar, muy temprano en la mañana alguien golpea con fuerza, persistencia y de manera casi desesperada en nuestra puerta. Como las frágiles y casi transparente tablas de madera barata de nuestra mediagua no tenían ningún tipo de aislamiento cualquier ruido se magnificaba fácilmente. Así fue como retumbaron los golpes y gritos desesperados de Domingo, nuestro amigo y compañero poblador quien gritaba alarmado: "compañeros, compañeros, golpe militar, golpe militar, arranquen, arranquen o si no los van a matar". Aquella fue nuestra última noche y la última mañana de nuestra vida en comunidad en la población Arturo Prat en donde habíamos vivido por casi dos años. De esta manera se cerraba una etapa de nuestras vidas y corríamos el riesgo de que pudiese ser la última.

Frente a este llamado encendimos aquella antigua radio que era nuestro único medio de comunicación con el exterior para de inmediato encontrarnos con himnos y marchas militares acompañados de persistentes bandos militares emitiendo órdenes amenazantes como esta:

"Por orden del gobierno militar, los siguientes ciudadanos deberán presentarse a la comandancia de guarnición militar. La no presentación de estas personas significará que se declaran en rebeldía contra el gobierno establecido y serán perseguidos y ejecutados en el lugar en que se encuentren "[40].

Al escuchar aquel bando militar sentí como que todo mi cuerpo y mi mente hubiesen pasado de un estado a otro, algo así como haber experimentado una transfusión de sangre la que me permitía seguir vivo, pero no necesariamente seguir viviendo.

En esta lista se encontraba mi nombre junto a decenas de otros nombres de compañeros conocidos. Ya sabíamos de los continuos intentos de golpe militar por parte de la derecha política pero jamás nos podríamos habernos imaginado lo que nos esperaba. Aquella mañana del 11 de septiembre del 1973 luego de escuchar a través de la radio el bando militar No 9 ordenándome que me entregara a los militares inmediatamente y que de no hacerlo pagaría con mi vida, tomé aquel abrigo que mi querida tía Edelmira había mandado a confeccionar a un sastre del pueblo y comencé a caminar dejando atrás mi población, posiblemente para siempre sin siquiera saber dónde dirigirme ni mucho menos para qué.

¿Dónde podía ir después de haber dedicado cada intenso minuto de los dos últimos años de mi juventud

---

[40] Bando Militar No 9 del Gobierno Militar. Talca, Chile, 15. 09.1973

solamente a trabajar para tratar de construir una sociedad mejor y ahora enfrentado a una dictadura militar que solo buscaba venganza por habernos atrevido a intentar cambiar nuestra sociedad?

Ahora se nos perseguía bajo amenaza de muerte por haber luchado por un Chile más justo y menos desigual. Mientras camino, dejando mi población y mis sueños atrás sigo por los viejos rieles abandonados de aquel ferrocarril que bordeaban los límites de la población paso a solo metros de distancia de donde están mis compañeros pobladores, con quienes habíamos compartido tantos sueños, y quienes en esos precisos momentos comenzaban a iniciar las obras de construcción de sus casas. Aquellos mismos pobladores quienes solo hasta el día anterior habían sido cesantes por muchos años, ahora se convertían en trabajadores con un salario modesto, pero para construir sus propias futuras casas.

Mis compañeros me miran pasar y su silencio lo dice todo: ellos estaban conscientes de la gravedad de la situación a solo horas después del golpe militar. Sin embargo, ni ellos ni yo nunca nos habríamos imaginado lo que realmente iba a suceder en nuestro país ni mucho menos cómo nuestras vidas iban a cambiar o a terminar. Yo los miro con mis ojos llenos de lágrimas, sé que posiblemente será mi última mirada para ellos y solo les digo adiós ya que no hay tiempo para más frente a la amenaza del bando militar. Ellos responden:

"que Dios lo bendiga compañero".

Lo que temíamos ya había ocurrido: Chile, nuestro país, bajo dictadura militar.

Recuerdo vívidamente las espaldas quemadas con cigarrillos de estudiantes universitarios brasileños ex prisioneros políticos quienes habían venido a nuestra universidad a darnos sus testimonios sobre lo que significaba vivir en dictadura militar en Brasil. A todos quienes les escuchamos y vimos sus espaldas quemadas, en aquellos momentos, nos impactó mucho su testimonio, pero no lo suficiente como para poder siquiera imaginarnos lo que significaría un golpe militar fascista en Chile ni mucho menos lo que sería vivir bajo una dictadura militar.

Chile, hasta ese entonces, había sido conocido internacionalmente como uno de los países sudamericanos con una larga tradición democrática en Latinoamérica lo que era considerado como una garantía de que no podría haber golpe militar.

Antes del golpe militar perpetrado el 11 de septiembre del 73 mucho se había hablado, escrito y debatido sobre un posible golpe militar para derrocar a Allende. Las fuerzas de izquierda más avanzadas llamaban al pueblo y al gobierno a prepararse para evitar o derrotar el golpe militar creando poder popular en todos los planos de la vida nacional e incentivando al pueblo y a los trabajadores a preparar su defensa y lucha como un derecho legitimo para proteger sus conquistas sociales y su futuro.

Esta era una situación delicada y compleja para Allende ya que él siempre, como presidente del país, había defendido la constitucionalidad y el apego a la ley por parte de su gobierno, principios que eran la base de su visión para construir el socialismo a través de una vía democrática, pacífica y legal en Chile. Allende, con el propósito de dar mayor garantía de su respeto por la ley a las Fuerzas Armadas como a los partidos de derecha del país quienes se empeñaban en presentarlo dentro y fuera de Chile como un gobierno por sobre la ley, permitió la introducción de 'la ley de control de armas'[41] . Esta ley daba poder a las FFAA y carabineros para allanar cualquier recinto público o privado donde ellos supusieran que existían armas en posesión de los trabajadores o las fuerzas de izquierda. No obstante, lo que ambos las Fuerzas Armadas y Carabineros, la policía nacional, quienes fueron quienes implementaron dicha ley, por supuesto omitieron intencionalmente fue el despojar de sus armas ilegales a las fuerzas políticas de derecha como el movimiento de ultra derecha fascista 'Patria y Libertad' que continuaba realizando actos terroristas y de sabotaje para derrocar a Allende. De esta manera esta ley permitió a las fuerzas opositoras a Allende y a su gobierno a prácticamente desarmar al pueblo y a los trabajadores precisamente para así 'despejar el camino de obstáculos' en su preparación para el golpe.

Durante las primeras horas de la mañana del 11 de septiembre del 73 el palacio de La Moneda, el edificio presidencial en el centro de Santiago, capital del país, había sido bombardeado con dos aviones modelo hacker hunter por la Fuerza Aérea Chilena y ardía en llamas bajo la vigilancia amenazante de iniciar un ataque por tierra por parte de los tanques del ejército chileno que lo rodeaban. Las imágenes de La Moneda en llamas de aquel 11 de septiembre aún recorren el mundo mostrando un puñado de compañeros leales a Allende empuñando su fusíl para defender el gobierno elegido por el pueblo. Al mismo tiempo el canal de TV nacional, radio emisoras como todos los medios de comunicación de masas, habían sido forzados a trans-

---

[41] Corvalan, Luis, *El Gobierno de Salvador Allende*, 2003.

mitir la declaración oficial de la nueva Junta Militar liderada por Pinochet dando sus justificaciones para derrocar al gobierno de Allende y tomarse el poder.

Una de las excusas principales usadas por la junta militar para derrocar a Allende fue la supuesta existencia del llamado "Plan Z", publicado en el Libro Blanco de la Junta Militar [42]. Este deliberadamente creado "Plan Z" pretendía hacer creer a la población que los partidarios de la Unidad Popular, Allende y las fuerzas de izquierda tenían un plan para eliminar físicamente a las fuerzas de oposición incluyendo las Fuerzas Armadas. La publicación de este supuesto plan fue diseminada por todos los medios de comunicación del país e inevitablemente, como se deseaba, contribuyó a crear una mentalidad de venganza política en el país en contra de todos los que apoyábamos los esfuerzos del gobierno de Allende por crear una sociedad más justa. La casa de gobierno fue bombardeada por aire y por tierra en plena luz del día aquella mañana del 11 de septiembre.

Allende contestó rotundamente "No" al falso ofrecimiento de Pinochet de poner un avión a su disposición para que abandonase el país siempre y cuando aceptara renunciar a su mandato como presidente.

La junta militar ni nadie jamás se podría haber imaginado la poderosísima arma con la cual Allende iba a enfrentar esta traición criminal solo minutos antes de su muerte. Esta fue la respuesta dada por un hombre armado solo con un fusil y apoyado por solo un puñado de hombres leales a su lado enfrentando un bombardeo aéreo y terrestre. Estas fueron las últimas pala-

---

[42] Diario The Clinic, 2013, diario, Chile: *El Plan Z: La Mentira que Desangró a Chile* (02.09.2013), 1986.

bras de Allende, palabras tristes pero visionarias, mesuradas, tranquilas y agradecidas de un hombre que había dedicado su vida al servicio de los trabajadores y la gente más pobre de su país y que ahora había decidido inmolar su vida como un gesto de lealtad a su pueblo y como una afrenta a los militares golpistas.

En aquellas circunstancias la respuesta de Allende ante la amenaza inminente de ser asesinado ilustra la diferencia esencial de estatura moral entre él y el General traidor Pinochet. El mismo Pinochet, después del golpe militar, en una entrevista a la prensa, informó que en los momentos en que se llevaba a cabo el golpe militar él estaba esperando resguardado en un 'bunker' con un avión preparado para sacarlo del país en caso de que el golpe fracasara. Sin embargo, Allende prefirió rechazar el ofrecimiento de que lo sacaran fuera del país y cayó luchando hasta el último respiro de su vida consecuente con sus principios, valores y su promesa al pueblo de Chile que lo había elegido como su presidente y a quien le había dicho de que solo muerto lo sacarían de La Moneda, la casa de gobierno [43].

Estas fueron las últimas palabras de Allende trasmitidas por radio Magallanes, mientras la casa de gobierno era bombardeada y ardía en llamas. Esta radio fue una de las emisoras que se mantuvo leal al gobierno hasta que fue silenciada por las balas de la dictadura:

> *Trabajadores de mi Patria. Tengo fe en Chile y en su destino. Otros chilenos vendrán. En estos obscuros y amargos momentos, en donde la traición se trata de imponer, ustedes sigan sabiendo que más temprano que tarde, muy pronto, se abrirán las grandes alamedas por donde pasen*

---

[43] Diario La Nación, Chile, 11.09.1973..

los hombres capaces de construir una nueva sociedad. Que viva Chile, que viva el pueblo, vivan los trabajadores. Estas son mis últimas palabras y estoy seguro de que mi sacrificio no será en vano. Estoy seguro de que será una lección moral, una lección que condenará la falta de lealtad, la cobardía y la traición [44].

Esta fue la respuesta digna y heroica del líder máximo de la revolución socialista chilena a través de la vía democrática, pacífica y legal, de aquel presidente socialista a quien no pudieron derrotar ni en las urnas ni de ninguna manera legal pero sí con la fuerza bruta de venganza y crueldad usada por las FFAA, la oligarquía nacional, las multinacionales y la CIA del gobierno norteamericano de Nixon.

Este era el contexto nacional y las noticias emanaban desde Santiago, la capital, ahora todo bajo el recio control y el puño de acero del General Augusto Pinochet, máximo líder de la nueva junta militar.

---

[44] Reyes, Francisco, *Testigo Presencial: Tragedias Humanas del Chile Fascista*. Editorial 4 de Septiembre, 1981.

Ataque a La Moneda, 11 de septiembre 1973
(Fuente: Associated Press)

La ultima foto de Allende en vida (Fuente: newstatesman.com)

Los 'Desaparacidos' de la dictadura chilena
(Fuente: Unión de Ex-Prisioneros Políticos de Chile)

Clandestinidad, Cárcel y Tortura

Había caído el telón sobre nuestra obra por una causa justa y sueños idealistas. Ahora ya no éramos los actores, sino que comenzaba una nueva obra en la cual estábamos destinados a ser los derrotados.

Sin ni siquiera alcanzar a pensar en despedirme de mis compañeros, dejo la mediagua en la que vivíamos en comunidad en la población y comienzo a caminar un camino que ya no era el mío sin siquiera saber hacia dónde ni para qué. Estaba consciente de que los militares vendrían a buscarme en cualquier momento. Me dirijí a una casa en donde me habían dicho antes que me acogerían en caso de golpe de estado.

Al llegar allí me di cuenta que mis supuestos huéspedes estaban tan aterrados a tal punto que muy pronto me hicieron saber que debía marcharme porque era muy peligroso para ellos.

Luego en la noche, antes del toque de queda, llegué a la casa de una persona quien había estado directamente ligada a nuestra lucha por conseguir una casa para los pobladores a través de su trabajo, como funcionario del departamento de la vivienda, y con quien teníamos que relacionarnos para tratar de conseguir nuestro objetivo. Aunque no éramos amigos con esta persona y, además, con quien posiblemente teníamos visiones políticas muy diferentes, compartíamos la misma fe cristiana y creo que, aunque discrepando de nuestras acciones, quizás él nos tenía algo de respeto y admiración por nuestro testimonio de vida como cristianos. El me recibió aquella noche en su casa y me presentó a su familia como Juan, un nombre que no era el mío para evitar que los servicios de seguridad supieran que estaba refugiado allí, y me dio alojamiento aquella noche arriesgando su seguridad y la de su familia. Muchos años más tarde lo llamé por teléfono desde Gales para agradecerle su gesto para conmigo en aquellos días después del golpe militar. Lo hice de manera discreta usando el mismo nombre que él me había dado al refugiarme en su casa ya que el país y toda la población continuaban vigilados por los servicios secretos de la dictadura militar.

Consciente del peligro, al día siguiente él me trasladó a la parroquia San Luis, en la zona norte de Talca, en donde dos generosos y valientes sacerdotes franceses me acogieron con afecto y compasión. Años más tarde traté de contactar a estos sacerdotes para agradecerles su generosidad y valentía al haberme dado refugio en aquellas circunstancias, pero ya era muy tarde pues ambos habían fallecido. Me arrepiento de no haber hecho el esfuerzo antes para haber llegado a darles un abrazo de agradecimiento a estos sacerdotes y de lo cual me siento avergonzado. Es triste no haber tenido esta sabiduría antes.

Es sólo ahora cuando, yo mismo entro en el otoño de mi vida cuando me doy cuenta de que no vivimos para siempre como tampoco que no cuesta mucho agradecer a las personas que nos han apoyado en la vida. En este sentido, vienen a la mente los nombres de muchas personas quienes demostraron los valores morales mas altos, incluyendo a Lilia Meza, mi profesora de historia en el Liceo de San Javier.

Mientras estuve clandestino en esta parroquia por algunos días recibí la noticia de que mi hermano mayor, con quien por coincidencias de la vida compartíamos el mismo nombre y quien, posiblemente respondiendo a las súplicas de mi madre por tratar de salvarme de este peligro, había decidido entregarse al Regimiento militar aduciendo de que él era la persona a quien habían llamado por bando militar con la esperanza de salvarme de este peligro. Obviamente, muy pronto los militares se darían cuenta de que mi hermano, a pesar de tener el mismo nombre, no era la persona a quien ellos buscaban, sino que a mí. Con mi hermano, posiblemente debido a nuestra diferencia de edad, nunca habíamos sido muy cercanos pero su generosidad y valentía al poner su "pellejo" por mi me emocionó.

Una noche, en mi solitaria habitación de refugio en esta parroquia, tratando de darle algún sentido a la peligrosa e inesperada nueva situación en que me encontraba y cuando menos me lo imaginaba, recibí la visita de una joven quien me venía a ver, pero a quien no reconocí a su llegada ya que no la había visto antes. Esta visita incógnita era mi querida compañera María Cristina quien había transformado su apariencia de manera muy radical luego de haberse cortado el pelo y vestido de una manera totalmente distinta a la que acostumbraba hacerlo antes del golpe militar para evitar ser capturada por los servicios de seguridad. Al reconocerla la abracé como quien se re-encuentra con la vida, aunque sabía que nuestro abrazo no podría durar mucho.

Allí en aquella parroquia donde me refugiaba reflexionaba sobre lo que habíamos tratado de construir, sobre lo que habíamos perdido, como también sobre el muy incierto futuro que nos esperaba incluyendo la difícil decisión de entregarme o no a los militares.

Otra noche allí, en la misma parroquia, durante horas de toque de queda, se aproximó un jeep militar fuera de la parroquia en donde yo estaba refugiado e inevitablemente pensé que venían por mi y que ya había llegado mi hora, pero felizmente no fue así.

Los sacerdotes franceses habían sido muy amables y respetuosos de mis decisiones. Ellos me ofrecieron acompañarme al regimiento si decidía entregarme, aunque nunca me insinuaron que lo hiciera.

Finalmente, una mañana de septiembre decidí ir a entregarme al Regimiento solo, para así no comprometer a nadie. Me fui caminando vistiendo aquel abrigo que me había regalado mi tía Edelmira, el cual más tarde se transformaría en mi escudo de salvación al ayudarme a amortiguar las palizas que recibiría de parte de mis captores en distintos lugares en donde me tuvieron detenido. No sé cuánto me protegió mi abrigo o si lo que realmente me protegió más fue el sentir que bajo mi abrigo estaba el abrazo de mi madre y de mi tía, las dos personas que me habían criado durante mi niñez.

Al llegar al Regimiento de Talca inmediatamente fui recibido a patadas, insultos, culatazos por todas partes del cuerpo, amenazas, burlas y humillaciones. Los soldados habían, por supuesto, creído la versión oficial inventada por la Junta Militar dirigida por Pinochet la cual decía que nosotros los 'extremistas', izquierdistas, seguidores de la Unidad Popular y el gobierno de Allende teníamos un plan, llamado el 'plan Zeta' cuyo propósito era matar a los miembros de la oposición y a las Fuerzas Armadas para así instaurar el socialismo en el país. Mientras los soldados comenzaban a golpearme me gritaban: "¿así que nos iban a matar concha de tu madre?" ¿Y que podría haber respondido yo en esas circunstancias?

Mientras me golpeaban a patadas, puñetes y culatazos trajeron a otros dos prisioneros quienes eran compañeros socialistas a quienes yo conocía. Uno de ellos era el compañero Pancho Reyes, ex Intendente de Talca y jefe del programa de extensión universitaria de la universidad y quien nos había apoyado en nuestra toma del matadero municipal de Talca y quien también, pocos meses antes del golpe había sido destituido de su puesto por ser muy radical en sus políticas luego de que la derecha hiciera uso de resquicios legales para desplazarlo (¡todo esto en un gobierno de la Unidad Popular al cual criticaban de no ser democrático!). El otro era un dirigente poblador, el compañero chico Mariscal del partido socialista.

A todos nos dieron un tratamiento de tortura similar y entonces, mirábamos en silencio, como nos maltrataban a cada uno en esta sesión de tortura. Recuerdo haber visto a Pancho Reyes siendo obligado a rezar puesto de rodillas mientras sus lágrimas rodaban por sus mejillas. Había ontro compañero lo obligaban a cantar el himno de la Unidad Popular 'Venceremos' mientras lo tienen desecho en lágrimas, derrotado y arrodillado a punta de culatazos de fusíl.

En la primera impresión de este libro cometí el error de haber incorrectamente mencionado que aquella persona era el chico Mariscal, compañero de lucha del partido socialista, quien tuvo la generosidad de alertarme de este error como al mismo tiempo de perdonarme por mi equivocación y aceptar mis sinceras disculpas lo que revela su grandeza como persona.

A mí me golpean gritándome insultos y obligándome a responderles si me gustaba el soldado que me golpeaba. Todo esto en medio de las carcajadas de los soldados para quienes pasábamos a ser su mejor manera de diversión en aquellos momentos. Mi tristeza fue más profunda cuando sabía que estos soldados eran los hijos de la gente más humilde y pobre de nuestro país por los cuales habíamos dado parte de nuestra juventud y nuestra lucha.

Años más tarde, Pancho Reyes, ex intendente de Talca escribiría sus memorias sobre aquellas horas en el Regimiento de Talca en un libro que el publicó llamado 'Testigo Presencial' y allí decía, usando mi apodo Tolo, por el cual era conocido antes del golpe:

"A Tolo – le habían dado muy duro y su cara sangraba[45]".

Posteriormente me llevaron a la piscina del regimiento la cual esta vez estaba vacía, pero con manchas de sangre en sus paredes interiores. Allí el brigadier del ejército Jorge Zucchino Aguirre comenzó a gritarme insultos mientras me daba gritos con órdenes amenazantes obligándome a correr de arriba abajo en el interior de la piscina. Esto parecía una pesadilla imposible de poder comprender. ¿Y cómo no? si sólo unos meses antes, en este mismo lugar, esta misma piscina, había sido el lugar en donde había tenido el privilegio de presenciar la sonrisa más hermosa de felicidad en el rostro de un niño pobre cuando por primera vez en su corta vida había tenido la suerte de zambullirse en una piscina en aquel caluroso verano.

Obviamente no existen palabras para describir emociones tan opuestas como tampoco podíamos creer que de un día a otro hubiésemos pasado de vivir en democracia haciendo cambios para construir una sociedad mejor a una situación de terrorismo estatal, miedo y opresión. La vida no es una línea recta y todo puede

---

[45] Equipo Nizkor, *Derechos Humanos* 17.04.2002

cambiar en cualquier dirección y lo único seguro es que es necesario seguir luchando por la vida en donde quiera que uno se encuentre.

Una vez que Zucchino se cansó de sus órdenes e insultos mientras me torturaba en la piscina, me sacó enfurecido al no haber recibido de mi parte los nombres ni información que me pedía, sacó su pistola y colocando su cañón dentro de mi boca me gritó:

"concha de tu madre, ya se me agotó la paciencia así que decídete a hablar porque si no..."

Considerando todo lo que ya había sufrido aquella mañana en el Regimiento y temiendo por lo que vendría después, en aquellos momentos cuando Zucchino me amenazaba con matarme, no pude sentir más miedo con su amenaza de dispararme en su simulacro de ejecución en el que me había puesto. En aquellas circunstancias lo único que deseaba era desaparecer de aquella pesadilla.

No sé por qué razón, obviamente, Zucchino no disparó y lo que, cuarenta años después, me permitiría a mí 'disparar' con mi pluma mis memorias sobre aquellas horas en el Regimiento de Talca, en septiembre 73.

Mientras yo recuerdo, Zuchino ya en su vejez, se esconde de la justicia, no sé si su consciencia lo dejará dormir. Sin embargo, ya ha tenido que responder por algunas de sus torturas al menos en relación a mi compañero Antonio quien fue brutalmente torturado después de haber sido detenido junto a otros compañeros cuando se preparaban para resistir a las fuerzas de la dictadura.

Minutos después del simulacro de ejecución me entregaron a unos oficiales jóvenes quienes usaron mi cara para practicar sus puñetes y luego mi cabeza para practicar sus habilidades tamboriles cuando me apaleaban la cabeza con sus batones. Dentro de este estado de sentirme preso de la sed de venganza de mis enemigos y sabiendo que mi vida estaba absolutamente en sus manos y sin saber lo que vendría después, sentí que mi vida había llegado a su fin y en esas circunstancias pensé en suicidarme, pero felizmente no tuve como hacerlo ya que me habían encerrado en unos de los camarines individuales en el recinto de la piscina.

Al final del día, comenzaba a darme cuenta lo que significaba ser prisionero político bajo una dictadura militar fascista. Junto con una decena de prisioneros políticos fuimos tirados a un camión militar y llevados a la cárcel de Talca lo que era una buena noticia ya que creíamos que dejábamos atrás 'las patas del caballo', bueno al menos eso esperábamos.

Nunca nos imaginaríamos que mientras nosotros salíamos de aquel Regimiento donde habíamos sido torturados, otros no tendrían la misma suerte como ocurrió con nuestro compañero Germán Castro Rojas.

Al abrirse los oxidados viejos portones metálicos de la cárcel de Talca, mi primera mirada se encuentra con decenas de rostros familiares en medio de un centenar de prisioneros políticos. Aquellos rostros correspondían a compañeros a quienes había conocido y con los cuales habíamos soñado y luchado juntos por nuestros ideales en la población, la universidad, sindicatos y en las calles donde proclamábamos nuestros ideales. Aquellos rostros que vi al entrar a la cárcel, por supuesto que los conocía muy bien pero ya no eran los mismos. Sus miradas estaban vacías, desesperanzadas y parecían rostros de fantasmas o espíritus vacíos los cuales no tenían vida. Entre aquellos compañeros encuentro a Lucho, compañero de estudios de la universidad quien me recibió con afecto y me ofreció su frazada para abrigarme. Aquellas primeras horas en la cárcel de Talca las sentí como una novela en donde al simplemente dar vuelta una página se pasaba de la euforia de la vida al silencio aterrador de la muerte.

El primer día de visita en la cárcel vinieron a verme mi querida compañera, mi madre, tía y muchos compañeros/amigos pobladores de mi población lo cual me alegró mucho. Mi madre me preguntó qué me había pasado en mi cara y solo le dije que me había caído para no preocuparla. Pero a las madres no se les puede engañar. Sin embargo, lo que había sido un rato de una visita muy especial, sin imaginármelo, había pasado a formar la base de mis próximos días de angustia cuando, de un momento a otro, los gendarmes de la cárcel me vinieron a sacar del patio común para ponerme en condición de reo incomunicado en una celda muy pequeña, oscura, con solo un somier de alambre, un plato, cuchara y bacinica de plástico. Solo después supe que me habían puesto incomunicado porque pensaron que estaba promoviendo algún tipo de rebelión con los pobladores de mi población ya que no se explicaban por qué tantos pobladores me habían venido a visitar a la cárcel. ¿Cómo podría comprender la autoridad militar lo que significaban ideas y acciones las que mostraban solidaridad, lealtad, compañerismo y compasión humana?

Me tuvieron preso incomunicado por dos semanas en un pequeño calabozo en donde sólo tenía como compañía la oscuridad, la angustia y la incertidumbre. Sabía que solo a los prisioneros más peligrosos y a aquellos que no tenían muchas posibilidades de salir con vida de la cárcel los incomunicaban. Yo jamás me habría incluido en ningún tipo de estos casos. Sin embargo, me encontraba allí.

Un día cuando estaba incomunicado en mi celda, funcionarios del servicio de investigaciones (me enteré después) me sacaron de allí durante las primeras horas de la madrugada con la vista vendada y las manos esposadas para luego trasladarme al cuartel de servicio de investigaciones de Talca. Allí me interrogaron usando descargas eléctricas en mi cuerpo sobre el supuesto hecho de que yo debería saber en qué lugar estaban escondidas las armas en la población Arturo Prat. Como felizmente no tenía nada que responder porque simplemente no sabía nada de lo que me preguntaban, me tuvieron solo una noche y un día antes de devolverme a la celda de incomunicado en la cárcel. Después tomé conciencia de cuan afortunado había sido ya que muchos prisioneros políticos aún sin tener nada que confesar igualmente perdieron sus vidas.

Sin embargo, después de haber salido de la cárcel fui informado por mis compañeros sobre la razón de aquel interrogatorio. Los servicios de seguridad de la dictadura habían recibido información de que, en nuestra población, de la cual yo era el presidente, había armas ocultas y por lo tanto, lo que se entiende, suponían que el presidente de dicha población debería saber donde estarían guardadas dichas armas. Felizmente este no era el caso, pero tampoco era necesariamente una buena razón para que hubiese salido con vida en aquellas circunstancias ya que en situaciones similares o de menor gravedad, independientemente de que el inculpado fuese responsable o no, no siempre se salía con vida.

Sin embargo, lo que supe después de haber salido de la cárcel, fue que efectivamente alguien habría guardado armas en la población en donde vivíamos, lo que nosotros ignorábamos totalmente.

De alguna manera, mis compañeros que aún no habían sido detenidos supieron de esta búsqueda desenfrenada de las armas por parte de los militares como también tuvieron la confirmación de su existencia. Mis compañeros estaban conscientes de que si esas armas eran encontradas pondrían mi vida en peligro ya que yo ya estaba detenido. Por esta misma razón e impulsados exclusivamente por un sentimiento de solidaridad y lealtad, cuatro de ellos arriesgaron sus vidas una noche cuando durante el toque de queda y mientras cada espacio de la población estaba completamente vigilado por militares armados con metralletas, ellos tuvieron la generosidad y valentía de arriesgarse a sacar aquellas armas de la población para luego ir a tirarlas al río de la ciudad.

El más mínimo error en aquellos momentos habría costado otras cuatro jóvenes vidas. Allí estaban mi compañera María Cristina, Oscar, Manu y un compañero poblador. Cuando Oscar y otro compañero, luego de haber desenterrado las armas, se dirigían en un pequeño tractor en dirección al rio Claro para tirarlas allí, tuvieron que cruzar toda la ciudad por la calle más central y en pleno día. A mitad de camino se dan cuenta que detrás de ellos les viene siguiendo un jeep militar. Obviamente pensaron que ese sería su fin. Felizmente mantuvieron la calma continuando su 'viaje' para solo segundos después darse cuenta de que el jeep doblaría en otra dirección dejándoles solos para así poder cumplir su misión.

Mi celda de incomunicado en la cárcel tenía una puerta de hierro con orificios muy pequeños en la parte superior por los cuales se colaban pequeñísimos puntos de luz desde afuera y cada vez que esta puerta se abría me recordaba que mi vida ya no era mía, sino que estaba ahora en otras manos.

En aquel calabozo viví momentos muy especiales como por ejemplo cuando haciendo uso de un alfiler y un pedacito de papel, que eran mis únicas posesiones en ese lugar, pude escribir esta frase: 'la fe no se encarcela'. Con el alfiler pude hacer minúsculos hoyitos a través del papel puesto en contra de los pequeños puntos de luz sobre la puerta de metal de mi celda. Esta fue mi máxima acción de rebeldía en aquellas circunstancias.

En otra ocasión, un gendarme, quien después supe que era amigo de mi amiga Alicia, en un momento de compasión humana, me ofreció un cigarrillo cuando me sacaba al baño. El no sabía que yo no fumaba, pero igualmente se lo agradecí infinitamente pues sabía que si lo hubiesen sorprendido haciendo eso no solo le habría costado su trabajo, sino que mucho, mucho más.

Lo que a mí me parecía una situación muy amenazante e incierta al estar preso incomunicado en una cárcel pública era solo una imagen parcial de una situación generalizada y mucho más apremiante, aún fuera de la cárcel, a través de todo el país en donde cualquier persona podía ser detenida y hecha desaparecer de un momento a otro. De esto solo me di cuenta más tarde cuando supe de innumerables centros secretos de tortura y prisión en donde los servicios de inteligencia dirigidos por Pinochet decidían quienes saldrían con vida y quienes pasaban a extender la lista de desaparecidos.

Al mismo tiempo tomaba conciencia de que la mayoría de la población del país vivía aterrada por el miedo y la amenaza a tal punto que este período de nuestra historia fue conocido como el tiempo en que en Chile solo se podía hablar en susurros.

Un día, en forma inesperada, me sacaron de la celda de incomunicado y me devolvieron al patio general de los presos políticos. Recuerdo que mi primera ducha después de haber salido de la celda de incomunicado la sentí como la mejor ducha que había tenido en toda mi vida a pesar de que esta era una ducha común solo con agua fría y al aire libre, es decir en un lugar sin ninguna privacidad.

Allí en la cárcel, nuestra vida transcurría viendo llegar a nuevos compañeros que habían sido detenidos, ocasionalmente viendo salir a presos políticos y la mayor parte del tiempo dándonos vueltas alrededor del patio tratando de enfrentar tanto la incertidumbre como el miedo de que en cualquier momento podíamos ser confrontados a una situación peor, como por ejemplo cuando a mi compañero Chago lo trasladaron en avión a la capital para interrogarlo junto a otro prisionero. Cuando podíamos leíamos los diarios que llegaban allí tratando de saber lo máximo posible sobre lo que estaba ocurriendo fuera de la cárcel especialmente en términos del avance de la represión militar, las nuevas personas detenidas y con nuestra ingenua esperanza de que aparecieran brotes de resistencia en contra de la dictadura militar.

Tano: José E. Sepúlveda (Fuente: www.derechos.org)

¿Quién era Tano?

Estando aún en la cárcel un día leí la noticia en el diario de que en mi pueblo natal, San Javier, el 2 de Octubre de 1973 cuatro jóvenes de entre diecinueve a veintitrés años de edad habían sido ejecutados por aplicación de la 'ley de fuga', la que era el pretexto militar para asesinar a quien quisieran, bajo la excusa de que estando detenido alguien se habría tratado de fugar. En este caso en particular esta acción correspondió a los planes de la Caravana de la Muerte dirigida por el General Sergio Arellano Stark y aprobada por Pinochet. Así se llevaron cuatro vidas muy jóvenes: Teófilo Arce, Mauricio González, Abelardo Sandoval y José Esteban Sepúlveda (Tano) [46] jóvenes con quienes crecimos y jugamos juntos en San Javier y todos ellos miembros del partido socialista y uno de ellos en particular, mi amigo y compañero Tano quien vivía en la casa de mi familia amparado por mi madre. Ella, por complacerme a mí, lo había acogido en su casa cuando Tano pasaba por un momento personal difícil. Los servicios de Inteligencia sacaron a Tano de la casa en presencia de mi madre quien trató en vano de protegerlo después de abrir la puerta y decirles que Tano ya no estaba allí, lo que no era verdad. Unos días después de haberse llevado detenido a Tano vivo, los militares regresaronn a la casa a ordenarle a mi madre que lo fuese a sacar de la morgue inmediatamente porque o si no lo tirarían a una fosa común como cadáver sin nombre (NN) lo que acostumbraban hacer especialmente cuando no querían

---

[46] Gonzalez, Carlos, *Y que Hicistes con tu Hermano* LOM Ediciones, 2007

que se identificara a sus asesinos. Hoy no puedo imaginarme cuanto habrá sufrido mi madre quien tuvo que ir a retirar el cadáver a la morgue de uno de mis amigos asesinados sabiendo que al mismo tiempo a mí también me tenían preso los mismos asesinos.

Conocí a Tano a través de la juventud de estudiantes católicos en San Javier, mi pueblo natal, en donde formamos un grupo cristiano de amigos muy íntimo con un énfasis en nuestra vida espiritual y en donde hacíamos revisión de vida semanal, alumbrados solo por una vela, lo que quizás nos ayudaba a sentirnos con más confianza y poder decir todo lo que queríamos y a través de la cual, normalmente terminábamos muy emocionados dándonos un abrazo fraternal. Tano tocaba la guitarra y además cantaba muy bien, aparte de ser buen mozo, Todo esto lo hacía parecerse mucho al cantante Adamo de la época. Como todos nosotros, en aquel tiempo, Tano no tenía interés en la política, pero los cambios en la sociedad con el gobierno de Allende lo atrajeron, como a muchos de nosotros y allí se encontró Tano en las poblaciones con los trabajadores, animando con su canto, su alegría y sus bromas. Tano comenzó a estudiar en la Universidad de Chile - Talca y militaba en el Partido Socialista cuando fue detenido junto a otros tres compañeros de su pueblo para así nunca más volver. Tano amaba la vida, el canto, su guitarra, las bromas y la compañía de sus amigos. Su trágico asesinato afectó mucho a su hermano menor Germán, a su madre y al pequeño pueblo que lo vio crecer, sonreír y cantar.

El Obispo y el Intendente

Después de mi salida de la cárcel, supe que el obispo de Talca, don Carlos González C había intentado visitarme pero que no se lo permitieron (posiblemente esto fue durante los días en que me tenían incomunicado) pero sí le aceptaron dejarme un chocolate. Por muchos años después, tratando de explicarme él porqué me habían dejado en libertad, especulaba de que quizás aquella visita del obispo podría haber influido en mi futuro, quizás el hecho de que no me hubiesen hecho desaparecer o que algo peor me pudiese haber ocurrido. Desde el exilio escribí una carta al obispo explicándole mis puntos de vista sobre el cristianismo durante aquellos años, además de agradecerle su apoyo. En aquella carta que le envié al obispo González le decía cuán importante había sido para mi fe el conocer el ejemplo de cristianos como mi amigo Charles Condamines y otros quienes se habían decepcionado de una iglesia que estaba al lado de los ricos. Años más tarde después de haber sido dejado en libertad y cuando ya vivía en Swansea, Gales, tuve el privilegio de recibir una respuesta a mi carta del obispo Carlos González en donde me decía:

> *Querido Tolo :*
> *He leído con mucho agrado tu carta y veo que el chocolate sirvió más de lo que parecía. Un abrazo, cuando vengas a Chile tienes tu casa aquí, saludos a la familia.* Talca, 19 de Febrero de 1999.

Nunca sabré si fue solamente aquel hecho el que me ayudó o si hubo algo más que no supe. Probablemente hubo también otro factor que me favoreció. Años más tarde en el exilio supe que el jefe de la plaza militar de Talca después del golpe militar, el coronel Efraín Jaña Girón, quien era el Jefe de Plaza, la autoridad militar máxima cuando yo estaba detenido, 19 días después del golpe había sido detenido y expulsado al exilio porque según el líder de la Caravana de La Muerte, el General Sergio Arellano Stark, Efraín Jaña Girón había sido muy blando en el trato a los prisioneros que estuvimos bajo su mando. Ahora al recordar en un espacio de libertad me doy cuenta de que la ciudad de Talca, en donde vivíamos, después del golpe militar, comparativamente, sufrió un menor nivel de represión en comparación con todo el resto del país no obstante haber tenido 13 personas ejecutadas [47]. Indudablemente, el numero de ejecutados no hace tal situación menos dolorosa ni excusable especialmente para sus familiares.

En aquel tiempo el obispo Carlos González hizo un llamado público a todos los católicos de la provincia de Talca y del país pidiéndoles de que tratasen a sus hermanos verdaderamente como hermanos lo cual en aquel contexto claramente se refería a tratar de disminuir la brutalidad con la cual los militares trataban a sus víctimas. Este obispo, en aquel contexto, publicó un libro llamado ¿Y qué hiciste con tu hermano[48]? en donde relata su testimonio como pastor tratando de frenar los abusos de la dictadura y su acción pastoral tratando de escuchar a las víctimas de violaciones de derechos humanos. En su experiencia como pastor bajo la dictadura militar, el obispo Carlos González vivió experien-

[47] Diario La Tercera, Chile

[48] Carlos Gonzalez, *Y que Hicistes con tu Hermano?* LOM 2007.

cias que posiblemente aún no se conocen como por ejemplo la que vivió minutos antes de la ejecución del Intendente socialista de Talca Germán Castro Rojas el 27 de septiembre de 1973. El siguiente es el relato del obispo Carlos González :

A las cinco de la tarde recibí la información de que él sería fusilado a la medianoche. Fui a la cárcel y le informé sobre la realidad. Desde las ocho de la noche y hasta el final lo acompañé. Qué extraño es dar la santa unción a quien está bien de salud y con solo 34 años. El escribió una carta a su esposa y otra a sus hijos porque pude lograr que le quitaran las esposas de sus manos.

Transcribo la carta a sus cinco hijos. Es muy hermosa y significativa:

"Hijitos míos: cuando estén grandecitos comprenderán todo lo que pasa ahora. Yo no podré verlos más, pero ustedes saben que tienen que portarse muy bien, ser estudiosos, obedientes, trabajadores y ayudarse toda la vida. Recuerden que deben pensar en Dios. Les pido me perdonen si alguna vez no los comprendí, pero si pasó algunas veces, fue porqué he deseado toda la vida lo mejor para ustedes. Es un favor muy grande el que me ha hecho el señor obispo de Talca al estar conmigo los últimos momentos, por lo que ustedes deben reconocerlo como una muy bella persona.
Talca, 26 de Septiembre del 1973.
Besitos a todos"

Llegamos al regimiento de Talca y, antes de fusilarlo, el comandante le preguntó si quería decir algo, Germán dijo: "Viva el Socialismo!', y los doce soldados dispararon. Quedé sobrecogido y este recuerdo nunca se ha borrado de mi mente. Al día siguiente, antes de finalizar el toque de queda, fui a ver a su familia y a explicarles su muerte.

La prensa permanentemente publicaba versiones falsas y los chilenos, con una información manipulada, creíamos parcialmente estas expresiones, aunque las dudas eran cada vez mayores. Durante esos meses, la iglesia católica creyó tener posibilidades de moderar la violencia y acudió a los uniformados. No siempre fuimos recibidos y se nos mintió sistemáticamente.

Visité la cárcel de Talca y me encontré con un hombre torturado, a quien colgaron de una viga con la cabeza hacia abajo para obtener información. Era un estropajo humano. Llegó otra persona con las manos quebradas por la tortura. El General de la zona me dice que se trataba de alguien que se auto torturaba para desprestigiar al gobierno.

Al leer el testimonio de Don Carlos González, obispo de Talca, por una parte, no puedo comprender como pudo él dejar que mataran a Germán Castro, sinceramente no puedo comprenderlo. Sin embargo, por la otra, leo su relato diciendo que pudo lograr que le sacaran las esposas para así poder permitirle escribir su última carta a su esposa y a sus pequeños hijos. Al leer el relato del obispo este me da la impresión de que él sólo pudo conseguir que le quitasen las esposas por algunos minutos y eso en si mismo ya había sido una gran victoria para él, y ¿quién sabe si realmente fue así o él lo sintió de esa manera ¿Y por ultimo ¿quién soy yo para juzgarle?

Sobre el tema del papel de la iglesia católica antes y después del golpe militar en Chile, leí con mucho interés el libro escrito por mi amigo Charles Condamines, escrito después del golpe militar, titulado '*La Iglesia Ca-*

tólica Chilena: ¿Resistencia o complicidad?'[49] refiriéndose al papel de la iglesia católica en relación al golpe militar. Charles compartió conmigo su profunda decepción al referirse al obispo Carlos González dando la unción a Germán Castro antes de que lo ejecutaran. En la opinión de Charles él me dijo:

"no se puede dar la bendición al verdugo y a la víctima al mismo tiempo"

¿Pero cuál sería la mejor opción a tomar? ¿Si el verdugo estaba decidido a no cambiar de opinión de matar a su víctima? ¿Le daría a la víctima lo mismo que se le dé la posibilidad de dirigirse a sus seres queridos por última vez? O desde el punto de vista de alguien a quien se le permite estar con la victima por última vez en vida, en este caso un obispo, ¿daría lo mismo aceptar o rechazar esta oportunidad sabiendo que el destino fatal sería el mismo para el sentenciado? Comprendo y comparto las reservas de mi amigo Charles sobre el papel que jugó la iglesia católica especialmente durante los primeros años de aquel período de la historia de Chile y en particular sobre la acción de este obispo en estas circunstancias, pero al mismo tiempo creo sentir la sinceridad de las palabras del Obispo Don Carlos González. Quizás hay que estar en dicha situación para realmente poder saber lo que se siente.

Con el paso del tiempo, después de mi salida de la cárcel logré visitar a este obispo para agradecerle su gesto para conmigo. Meses antes de que él falleciera me honró con su última llamada por teléfono cuando yo ya vivía en Swansea, Gales.

---

[49] Charles Condamines, *Chili: L'Église Catholique 1958-1976, complicité ou résistance?* L'Harmattan 1977.

Charles Condamines con su esposa Dra Elizabeth Feur en la playa de Three Cliffs Bay cerca de Swansea, 2005 (Fuente: album familia Cifuentes)

Cuando estuve en la cárcel hubo personas que pensaron en mí y solo lo supe años después. Gracias a mi querida amiga la madre Felipense Ernestina Garrido, nuestra asesora de la juventud de estudiantes católicos en nuestro pueblo, ya ahora en sus ochenta y cuatro años de edad y residiendo en su tierra natal en Valladolid, España. Tuve la suerte de poder volver a abrazar Ernestina después de 52 años para agradecerle la entrega de parte de su juventud a nosotros, los jóvenes de San Javier. Ella compartió conmigo lo que el padre Juan Hidalgo, le había dicho en una carta. El era, como ya lo dije, mi padre confesor y guía espiritual quien había jugado un papel fundamental en ayudarme a darle un sentido a mi vida como joven, Él le decía a Ernestina que había intentado visitarme en la cárcel tres veces pero que, tampoco se lo habían permitido. Posiblemente, para mi querido padre Juan Hidalgo, yo, como otros jóvenes de la juventud de estudiantes católicos de nuestros primeros días de samaritanos, sin ninguna conciencia social/política, habíamos llegado a ser las ovejas descarriadas de su rebaño: Tano había sido ejecutado y otros dos de nosotros habíamos sido puestos en la cárcel por 'comunistas' como decía la dictadura.

Algunos de mis amigos, a través de su incorporación a la JEC comenzaron el camino hacia el sacerdocio, pero más tarde cambiaron de opinión. Checho tuvo que primero ver el encarcelamiento y exilio de su hermano Hugo para luego el mismo tener que abandonar el país hacia Bélgica. Mario, mientras estaba detenido por haber apoyado al gobierno de Allende, sufrió el doble dolor de tener que ver la partida de su padre y asistir a su funeral custodiado por gendarmes. Todos habíamos comenzado nuestro camino cristiano como Jecistas bajo la guía del padre Juan Hidalgo quien posiblemente era un sacerdote de mentalidad conservadora pero igualmente una buena persona. Sin embargo, al poner nuestra fe en el contexto social y político en el cual nos tocaba vivir optamos por los pobres y por eso tuvimos que pagar un precio que no se pagaría ni con dinero, ni con años de prisión ni de exilio.

Estar preso en una cárcel sabiendo que la vida de uno estaba absolutamente en otras manos y que todo podía cambiar, normalmente para peor, o terminar en cualquier momento, no es algo fácil de acostumbrarse.

Mientras estuve en la cárcel, cada día, a cada hora, recibíamos noticias cada vez más alarmantes sobre compañeros detenidos, perseguidos, torturados, desaparecidos o ejecutados. Allí dentro de la cárcel caminábamos dándonos vueltas y vueltas alrededor de un pequeño y abandonado jardín quien fue testigo de nuestra derrota, angustia, tristeza y desolación. Pareciera ser que aquel jardín se había dado cuenta de todo lo que aquella nueva situación significaba para mi, aparte del mismo golpe militar que ya era más que suficiente. Este pequeño abandonado y casi moribundo jardín parecía haber captado lo que yo sentía al haber sido separado a la fuerza de mi primer gran y único amor de mi vida, mi compañera María Cristina y la angustia de tener que pensar que quizás nunca más la volvería a ver. Aquel pequeño y abandonado jardín de la cárcel, sin darse cuenta, me regaló aquella flor que me llevaría, aunque fuese solo imaginariamente, hasta donde mi amada. Aquella flor era la flor llamada 'No me olvides', la que había visto y acariciado sus contornos a través de decenas de ellas en la blusa de mi compañera estampada con esta misma flor. Como son las vueltas de la vida ¡solo años después en mi exilio en Gales volvería a re-encontrarme con esta misma flor!

Años más tarde durante mi exilio, en Neath, Gales, en el Departamento de sicología educacional conocí a Morris Fish, un excelente amigo y colega galés con quien había compartido estas memorias sobre mis días en la cárcel en Chile. El último día antes de jubilarse, Maurice Fish me regala un prendedor con esta misma flor lo que me demostraba que mi amigo galés no solo tenía buena memoria, sino que, además tenía sensibilidad humana como también un buen corazón. Mientras estábamos en la cárcel, día tras día, hora tras hora, recibíamos alarmantes noticias sobre compañeros que eran buscads, detenidos, torturados, hechos desaparecer o asesinados. Caminabamos en círculos alrededor de un pequeño abandonado jardín el cual presencebia nuestra derrota, angustia, pena y desolación. Ahora teníamos demasiado tiempo, pero para nada. No tenia que elegir en lo que deseaba pensar or reflexionar ya que mi mi vida la sentía siendo destrozada en todas direcciones. Sin embargo, una de las pocas cosas que me llamo la atención fue mi relación con Manuel, un humilde campesino de unos treinta años de edad. Que estaba detenido con nosotrs. Como Manuel vivía en el campo y era pobre su familia no podía venir a verlo y por lo mismo no tenia quien le trajera nada para comer, mientras tanto que la mayoria de los compañeros allí presos se organizaban en 'carretas' en donde compartían todo lo que sus familiares les traían. Yo podría haberme unido a una de las 'carretas' pero decidí juntarme con Manuel y compartir con el lo que me traían. Manuel un día me dijo "Compañero: cuando salgamos de aquí tiene que venir a visitarme al campo y vamos a comernos un cabrito para celebrar nuestra libertad y amistad".

El primer día cuando estaba en la cárcel me cruzé con un reo quien era un preso común quien me pareció conocido. Era un hombre al cual lo pillamos robando en una de las mediaguas de nuestros pobladores en la Poblacíon. Lo pusimos frente a nuestros pobladores e hicimos lo que podría asemejarse a un tribunal popular de justicia. Le preguntamos sus razones para hacer lo que había hecho y luego votamos sobre la mejor manera de hacer justicia.

El debate duró una hora y terminó con una clara y mayoritaria decisión de entregarlo a Carabineros, lo cual, admito, no me pareció muy bien. Había ingenuamente creído que mis compañeros podrían ofrecer una mejor justicia que la que ya conocíamos y que se caracterizaba simplemente por castigar sin importar las razones. Así fue, como tan pronto como lo entregamos a Carabineros, comenzaron a golpearlo sin ni siquiera preguntarle nada! Obviamente, esta no era la razón por la cual yo luchaba para crear una sociedad más justa. Inevitableblemente me sentí avergonzado y responsable de que esta persona estuviese en la cárcel sin saber la verdadera razón que lo había llevado a robar. Este hombre era probablemente uno más de los miles de chilenos pobres en la escuálidas cárceles chilenas, con la diferencia de que éste estaba allí por mi culpa como dirigente de nuestra Población. Este era un ejemplo de como, algunas veces, nuestro idealismo se veía en la practica transformado de manera negativa por la mentalidad tradicional clasista de nuestra gente.

María Cristina, mi compañera, era una joven bonita, feliz, abierta, inteligente y amorosa de una mentalidad muy independiente y con un profundo sentido de justicia para con los demás. ¿Cómo llegó a ser así, sintiendo de que no podia mentir pero sí podía perdonar a quienes la habían herido? no lo sé. Ella no era Cristiana como yo, y sólo digo esto simplemente porque en teoría los Cristianos se suponen que son así, pero, conociendome a mí mismo, sabía que yo era capaz de mentir y al mismo tiempo no muy bueno para perdonar.

No sé si fue el instinto de sobrevida de María Cristina o su razonamiento, o ambos, lo que la llevó a abrirse su propio camino en su vida en sus tempranos once años de edad, cuando con mucha seguridad en sí misma le pidió a su mamá que la pusiera en el Internado del Liceo de Niñas de Curicó, el que estaba como a cuarenta kilometros de distancia de su casa en el campo cerca de Molina. Algunas veces, durante fines de semana, necesitó 'hacer dedo' para poder movilizarse desde su casa al Liceo ya que no había transporte público. Una vez tuvo que viajar en la parte trasera de un camión.

Lejos de su casa y sóla, María Cristina descubrió la alegría de poder aprender probablemente al costo de tener que dejar atrás su niñez. Como a veces pasa en la vida, ella era tan solo una niña cuando tuvo que pasar a ser 'la mayor' en su familia.

Tampoco sé que fue lo que la motivó a seguir una Carrera en Servicio Social pero sí sé que esta fue mi suerte ya que allí nos conocimos en la Universidad de Chile-Talca cuando Allende y la Unidad Popular comenzaban a crear un Nuevo Chile.

Una tarde, mientras daba vueltas alrededor del abandonado jardín en el patio de la cárcel y en forma totalmente inesperada, un gendarme gritó mi nombre en el patio donde ambulábamos y me dijo que quedaba en libertad bajo fianza lo que me sorprendió, pero igualmente me dio mucha alegría y esperanza. ¡La alegría increíble de oír esta noticia y al mismo tiempo pena por los que se quedaban allí no daba tiempo para nada ya que en menos de cinco minutos había que tomar una bolsa con las pertenencias y afuera!

Sin imaginármelo mis compañeras y amigos de la población Arturo Prat encabezados por mi querida amiga y compañera, la Sra. Gloria Barraza, habían hecho una colecta para recaudar dinero a fin de pagarle a un abogado para que solicitara mi libertad bajo fianza. Entonces, gracias a ellos se me había puesto en libertad con la condición de que debería presentarme a firmar al Regimiento militar cada dos semanas y de no hacerlo así volvería a ser detenido.

De un momento a otro me encontré afuera de los portones metálicos de la cárcel vestido con mi abrigo y llevando una bolsa de plastico con unas pocas cosas. Dónde iría ahora después de que todos nuestros sueños y planes se habían evaporado? Consciente o inconscientemente mis pasos conocían entonces un solo camino: la casa de mi familia donde mi mamá y mi tía habían estado rezando por mí, las dos personas que me habían críado y las mismas personas a quienes había dejado atrás cuando me había ido para seguir mis sueños revolucionarios.

Desde Talca tomé la misma vieja micro la que en treinta minutos me dejaría a metros de la casa. Mis piernas parecieron caminar por sí solas recordando el camino: cruzar la calle, subir a la vereda, todo derecho hasta Avenida Balmaceda No 2150, en otras palabras mi casa!.

Libre! libre!, sin embargo no me sentía libre. Me sentía como adormecido por la nueva aplastante realidad de la dictadura, especialmente al saber que permanecería siendo un 'enemigo' del régimen en un país que ya no era el mío, un país en donde ya no tenía nada que hacer. Este era mi nuevo mundo: mucho espacio físico fuera de la cárcel y la libertad de poder correr hacia diferentes partes para evitar volver a ser detenido!

Poco a poco traté de adaptarme a las nuevas circunstancias ahora viviendo bajo una dictadura militar, habiendo sido expulsado de la universidad por haber sido considerado una amenaza a la seguridad nacional!

Era muy conocido en mi pueblo natal San Javier como en Talca y por eso tuve que trasladarme a Santiago. Me cambié de nombre y trate de vivir de la manera más desapercibida posible para evitar ser vuelto a detener. Habiendo sido conocido por el nombre de Tolo casi toda mi vida, comenzé a usar mi segundo nombre que era Hernán en vez de José que era el primero para así tener menos posibilidades de ser reconocido.

Asociación chilena de asistentes sociales, incluyendo trabajadores del Comité Pro Paz y la Vicaría de Solidaridad, felicitando a María Luisa Sepúlveda, quien era encargada de esta organisación, por su importante contribución a investigar los abusos contra los derechos humanos. De izquierda a derecha: Gloria Lepe, María Angélica Galarce, Sonia, Winny Lira, NN, Maria Luisa Sepúlveda, María Victoria Baeza, Norma Muñoz, Maria Eliana Zuñiga, Sara Carrasco (Fallecida), Patricia Conejeros
(Fuente: album familia Cifuentes)

Angela Cofré y Gloria Leppe, asisentes sociales en el Comité Pro Paz y la Vicaría de las Solidaridad en 2015
(Fuente: Album familia Cifuentes)

Derechos Humanos: El Comité Pro Paz y la Vicaría de la Solidaridad

Tratando de adaptar mi vida a las nuevas circunstancias en las que ahora vivíamos bajo una dictadura militar (recién expulsado de la universidad y luego detenido por 'extremista/comunista'), una mañana me acerqué a las oficinas del obispado de Talca. Allí tuve la suerte de conocer a Carol, la secretaria del obispo, una religiosa norteamericana, quien me diera una carta para la madre Mo, otra amiga religiosa suya en Santiago, la capital, en donde podía acudir con la posibilidad de que me pudiese sugerir algún trabajo. Como yo era muy conocido tanto en mi pueblo natal como en la ciudad en donde estudiaba y vivía, por mi condición de dirigente poblacional y estudiantil, necesitaba alejarme de este medio y me fui a Santiago en donde inicié una vida lo más reservada posible y me cambié de nombre para tratar de evitar de volver a ser detenido.

Después de haber sido conocido por el apodo de Tolo desde mi infancia, pasé a llamarme Hernán, el que era mi segundo nombre y por tanto menos probable de ser reconocido al no usar mi primer nombre (José) que era lo normal. Así llegué a conocer a la madre Mo en Santiago quien estaba muy atareada con la creación inesperada pero necesaria del Comité Pro Paz, una organización ecuménica que incluía a las iglesias católica, evangélica luterana, metodista, presbiteriana, bautista, ortodoxa y el gran rabino de la comunidad de Israel, y que se había fundado para dar asistencia social y legal gratuita a los familiares y las víctimas del golpe militar.

Dado mis estudios en trabajo social fui contratado como trabajador social y allí comencé a trabajar junto a trabajadores sociales, abogados, y religiosos/as. Nuestro trabajo consistía en tomar declaración escrita a los familiares de las víctimas de la represión quienes llegaban a dar cuenta de detenciones, allanamientos y desaparición de familiares por parte de los servicios de inteligencia de las fuerzas armadas a lo largo y ancho del país.

Este servicio proveído por el Comité Pro Paz se transformaba en aquellos días en el único lugar en el país en donde los familiares de las víctimas de la represión militar podían ser escuchados y podían denunciar estos atropellos ya que ningún abogado o autoridad judicial, en forma independiente, podía atreverse a pedir explicaciones a la autoridad militar por temor a serias represalias personales. Recuerdo que cada mañana en las puertas del Comité, a partir de las siete de la mañana, se formaban largas colas de familiares de víctimas de la represión que venían a pedir apoyo humanitario y legal o a intentar de encontrar alguna manera como asilarse para poder salir del país.

Este Comité Pro Paz funcionaba en la calle Sta. Mónica entre la Moneda y la Estación Central. Allí llegaban madres, esposas, hijos/as, abuelos, hermanos/as a contar lo que normalmente la noche anterior habían padecido por parte de los servicios de seguridad. Los relatos pronto comenzaron a ofrecer un perfil regular el que normalmente comenzaba de la siguiente manera:

"en horas de la madrugada, militares vestidos de civil armados con metralletas, a veces encapuchados y en vehículos sin patentes allanaban la casa y se llevaban detenidos a quienes quisieran sin presentar ninguna orden judicial para luego arrancar a alta velocidad con sus víctimas con los ojos vendados y esposados hacia numerosos centros secretos de tortura y prisión en distintos puntos del país ".

La labor del Comité Pro Paz, obviamente, en aquel contexto de represión, se hizo muy popular en el plano nacional como internacional y su presencia como un santuario de libertad fue ilustrado vívidamente el 15 de Mayo de 1975 cuando Jaime Zamora ,un prisionero político ya en manos de los servicios de seguridad tuvo la inteligencia y osadía de decirles a sus captores que lo llevaran a las puertas de entrada del Comité y así podrían detener a su contacto con el cual había quedado de juntarse allí a una hora determinada. Sus captores le creyeron y cuando se aproximaban a la entrada del Comité Pro Paz, Jaime se les arrancó y se metió al interior del Comité, gritó que lo ayudaran y allí los funcionarios del Comité impidieron a las fuerzas de seguridad que lo sacaran de ese recinto. Los funcionarios del Comité Pro Paz, en aquellas circunstancias tuvieron que pedir la intervención directa del Cardenal, la máxima autoridad de la iglesia católica en Chile para impedir que los servicios de seguridad lo sacaran de allí y volviesen a llevárselo detenido. Este conflicto precipitó la decisión de Pinochet de exigir el cierre y clausura del Comité Pro Paz, lo que consiguió.

La intervención del Cardenal Raúl Silva Henríquez en aquellas circunstancias le llevó a tomar mayor conciencia de lo que realmente sucedía en Chile en aquellos días bajo la dictadura cuando al doctor Alberto Luchini, médico personal del Cardenal, se le pidió que escribiera un informe sobre las condiciones en que se encontraba Jaime Zamora al momento de haberse arrancado de sus captores. El siguiente fue el comentario hecho por el Cardenal Silva Henríquez:

"El Dr Luchini realizó un detenido examen del cuerpo de Jaime Zamora, que había sido quemado con cigarrillos. Diseñó una silueta y fue anotando todos los lugares donde había señas de flagelación, Cuando vi este dibujo me dieron ganas de llorar: ¡cómo era posible que en nuestra patria de siempre se cometiera tanta maldad contra el hombre? ". Días después Jaime Zamora pudo salir al exilio.

Sin embargo, lo que Pinochet no esperaba es que la Iglesia Católica, es decir el Cardenal Raúl Silva Henríquez, conmovido por el estado de desolación y abandono de miles de chilenos víctimas de la represión, al mismo tiempo, fuese a recrear exactamente la misma institución, pero ahora con el nombre de Vicaría de la Solidaridad, pero esta vez, bajo el amparo exclusivo de la jerarquía de la Iglesia Católica. Dada la popularidad del catolicismo en Chile, la iglesia católica tenía poder para responder de esta manera, de tal modo que la dictadura tuvo que aceptar la continuidad de esta labor humanitaria/judicial de resguardo de los derechos humanos a través de la Vicaría.

La vida en el país, en aquellos días, bajo dictadura alcanzó dimensiones casi irreales en donde lo absurdo e increíble pasaban a ser hechos de la vida diaria. Esto lo viví claramente ilustrado una mañana cuando me dirigía a mi trabajo (Comité Pro Paz) a escasas cuadras de la calle Sta. Mónica, antes de las 08:00 de la mañana. Casi no lo podía creer, pero vi pasar a un vehículo sin patente, a alta velocidad, llevando a un hombre con la vista vendada en el asiento trasero y custodiado por dos agentes de seguridad, uno a cada lado. Obviamente se trataba de otro secuestro más como los centenares que ocurrían en cualquier rincón del país durante aquel tiempo.

Tuve el privilegio de haber sido empleado como trabajador social en el Comité Pro Paz desde su fundación hasta su clausura por orden de Pinochet. Mi trabajo consistía en entrevistar a las personas que venían a hacer una denuncia y redactar un informe escrito sobre las declaraciones dadas por los familiares de las víctimas de la dictadura sobre los hechos acaecidos durante el allanamiento, detención, encarcelamiento o desaparición de la/s persona/s detenida. Esta declaración era luego pasada al departamento legal con el objeto de que los abogados interpusieran un Recurso de Amparo (Habeas corpus) con la esperanza de que se reconociera la detención de la persona secuestrada como un primer paso esencial para impedir que dicha persona desapareciera o fuese asesinada y se le procesara de acuerdo a la ley. En algunos casos los familiares solo podían informar sobre el desaparecimiento de sus seres queridos después de que estos no regresaron del trabajo, la universidad o donde quiera que se hubiesen encontrado y probablemente fueron detenidos en la vía pública.

Mi compañera María Cristina también se incorporó a este trabajo con el Comité Pro Paz. El desarrollo masivo y generalizado de la represión en una sociedad bajo dictadura en donde ya no imperaba la ley ni procesos judiciales condujo a que centenares de familiares de las víctimas de la represión tuviesen que buscar formas alternativas para expresar sus demandas, incertidumbre, angustia, dolor y temor. Fue en este contexto inédito de desesperación humana, impotencia, indiferencia y abusos por parte de la autoridad militar el que nos instó a crear y promover la organización de los familiares de los presos políticos, los desaparecidos y los ejecutados.

De esta manera allí, en el Comité, contribuímos al

nacimiento de la agrupación de familiares de presos políticos la cual se convirtió en una de las organizaciones de resistencia de mayor fuerza moral y más efectivas en contra de la dictadura, posiblemente porque el vinculo esencial entre los miembros de dicha organización y sus víctimas pasaba por un vinculo de sangre que los convertía en madres-hijos/as, abuelas/os nieto/as, mujeres-maridos, hermanas-hermanos.

Esta agrupación incluía a madres, hijas, esposas y hermanas, muchas de ellas quienes jamás se habían interesado en la política, pero ahora estaban motivadas por un vinculo de sangre que les exigía buscar y reclamar a los suyos no importaba como. Estas madres y mujeres salieron a las calles, a las oficinas de gobierno, a las cárceles, hospitales, cementerios y morgues hasta llegar a encadenarse en los barrotes de acero de los tribunales de justicia para gritar su denuncia de abuso y pedir justicia. Estas mujeres fueron detenidas, golpeadas, amenazadas, bombardeadas con agua, humilladas y reprimidas por los servicios de seguridad pero jamás fueron vencidas.

Igual como sus hermanas vecinas argentinas 'las madres y abuelas de Plaza de Mayo' quienes también buscaban a sus seres queridos desaparecidos por la dictadura militar Argentina, estas mujeres chilenas como las argentinas dieron un ejemplo de lucha incansable universal al mundo, a los partidos políticos y movimientos sociales. Ellas no sucumbieron al miedo ni a la represión por más de diez y siete años. Sin recurso alguno más que sus corazones llenos de amor y lealtad para con sus familiares, sus seres queridos, estas mujeres no necesitaron ni partidos políticos ni educación política ni consignas para luchar por la vida llegando a convertirse en una de las pocas llamas encendidas de lucha contra la dictadura la que jamás lograron apagar.

El trabajar en el Comité Pro Paz fue algo mucho más significativo que una experiencia de trabajo normal. Fue algo así como estar presenciando una película de terror, crueldad y venganza sin que exista ninguna razón ni propósito alguno. Si no hubiese conocido directamente tantas historias de innecesaria crueldad humana posiblemente no podría haberlas creído. Sin embargo, la noche más oscura también tiene un rayito de claridad y esperanza. Este rayito se encontraba en la hermosa calidad humana de los trabajadores del Comité Pro Paz quienes no solo apoyaban a los familiares de las víctimas de violaciones de derechos humanos sino que les brindaban afecto y esperanza. Muchos de estos trabajadores del Comité habían sido ellos mismos víctimas de la dictadura de una u otra forma. Entre muchos otros recuerdo a queridos colegas como José Manuel Parada, Normita, Gloria, Ángela, Ninfa, Andrea, Angélica, María Luisa, Daniela, Ana María, Ximena, Vicky, Pepe, Álvaro, Fernando, Gustavo, Marcos, Christian Queno, Ma, Mo, Daniel, Tina, Cristina, Lucho, Jano, Pancho, Jaime, Pachi y muchos más.

Madres de estudiantes desaparecidos durante la dictadura de Pinochet, manifestando en 2014 (Fuente: DiarioUChile / radio.uchile.cl)

Manifestación en Santiago el 8 de septiembre 2013 - Asamblea Nacional por los Derechos Humanos (Fuente: jornada.unam.mx)

A través de mi trabajo en el Comité conocí abusos inimaginables como algunos de los que ahora paso a relatar.

Recuerdo haber atendido un promedio de 10 a 15 personas diario de lunes a viernes por aproximadamente 2 años. Muchas veces me era muy difícil seguir escuchando relatos de tanta crueldad. Al recordar aquellos días, vuelven a mi memoria hechos difíciles de poder olvidar.

El carácter brutal y salvaje de este régimen militar y quienes lo apoyaron será siempre recordado como la tiranía que cumplió al pie de la letra el concepto de que el fin justifica los medios, es decir cualquier cosa, lo que sea, como sea y sin pensar en costos humanos ni materiales. Una ilustración de esta manera de actuar se puede vislumbrar en las siguientes historias basadas en hechos reales, las cuales conocí de cerca.

Detenida Política de solo Tres años de Edad

Un hombre de unos sesenta y cinco años de edad a quien estoy escuchando sobre lo que le había sucedido horas antes me dice: "el 2 de abril de 1975, en la localidad de El Tambo, San Vicente de Tagua, mientras estaba en la casa de su tía, la sacaron de su casa, se la llevaron detenida y ahora está desaparecida". Un relato muy similar a muchos otros que había escuchado ya en este trabajo excepto cuando le pregunto qué edad tenía la persona desaparecida y me responde "tres años y medio". Pensé que no me había entendido lo que le preguntaba y entonces lo interrumpo y le vuelvo a preguntar: "No ¡, dígame la edad de la persona que se llevaron detenida y que ahora está desaparecida y él me vuelve a repetir: "tres años y medio". Entonces yo digo: "Ah, treinta y tres" a lo que él me responde: "No ¡, ¡tres años y medio de edad"!

En aquellos momentos sentí que me desmayaba y que no podía respirar ya que no podía creer lo que estaba escuchando a pesar de ya haber estado más de dos años escuchando una gran variedad de abusos a las víctimas de la dictadura ,aún no podía creer lo que estaba escuchando.

Luego, él agrega: "se trata de mi nietecita quien estaba jugando en el jardín delantero de su casa cuando fue secuestrada por los servicios de inteligencia los que la subieron a una camioneta sin patente y se la llevaron a un paradero desconocido ".

Más tarde se supo que esta pequeña niña estuvo desaparecida por un largo tiempo y que la tuvieron en una casa de Carabineros para niños sin hogar.

Esta menor, Macarena Aguiló fue utilizada como rehén por la Dirección de Inteligencia Nacional (DINA) para intentar obligar a que su padre se entregara a la autoridad militar ya que él era un dirigente del MIR (movimiento de izquierda revolucionaria) quien participaba en la resistencia contra la dictadura desde la clandestinidad.

Inmediatamente después de redactar este relato y hacer un informe para el Departamento legal del Comité Pro Paz en donde un equipo de abogados se encargaba de presentar recursos de amparo para tratar de proteger a las víctimas de la represión, impedir mayores abusos o el desaparecimiento prolongado de los detenidos, me fui con el abuelo de la niña desaparecida a hablar con el Vicario episcopal de la zona sur de Santiago, Don Gustavo Ferraris a fin de que ejerciera presión a alto nivel de la Iglesia Católica como una forma de encontrar a esta menor, además de sacar un informe de denuncia a las Naciones Unidas y a la comunidad Internacional. Como la noticia se difundió en el exterior muy pronto la prensa servil al servicio de la dictadura trató de hacer su 'trabajo normal' al intentar negar este hecho. El diario 'La Tercera de la Hora' de Chile del día 25 de abril de 1975 titulaba la noticia: "niña Macarena Aguiló no se encuentra detenida" [50].

Producto de la presión por parte de la Iglesia Católica y de los organismos de derechos humanos a nivel nacional e internacional la dictadura se vio obligada a soltar a esta menor dejándola en una plaza pública bajo la excusa oficial de que había sido "abandonada por padres irresponsables". Posteriormente, el Director general de la cancillería de la dictadura Javier Illanes declaró: "La falsa acusación hecha contra nuestro país es una nueva muestra de la irresponsabilidad de algunos sectores para informar de la realidad chilena".

---

[50] Diario *La Tercera de La Hora*, Santiago, 25 de abril 1975. Tambien: wikileaks.org/plusd/cables/1975STATE093934_b.html. In 2010, Macarena Aguiló sacó una pelicula muy destacada sobre sus experiences y la de sus padres: *El Edificio Chileno*.

Humillación a la Dignidad Humana

Al vivir bajo una dictadura militar nadie podía disentir y así el país solo podía recibir 'la versión oficial' sobre cualquier violación a los derechos humanos.

El sufrimiento padecido por las víctimas de violaciones de derechos humanos no se puede cuantificar. Las cifras sobre el número de víctima pueden dar una idea sobre la extensión de estos abusos pero estas cifras por si solas no hablan pero sus víctimas sí lo hacen. El dolor pareciera hacerse sentir más profundo cuando existe la certeza de que ha sido causado en forma intencional, con fuerza y crueldad innecesaria y con el único propósito de causar daño. Todo esto hace que el dolor duela mucho más y sea interminable especialmente cuando no se hace justicia para repararlo. El siguiente relato revela la historia de una de sus víctimas.

En otra ocasión mientras escuchaba a un ex prisionero político de cuarenta y tantos años de edad sobre la manera como lo habían torturado. Mientras sus lágrimas corrían por sus mejillas, en la medida que recordaba lo que le habían hecho sus captores, en un momento se mete la mano a la boca y se quita su placa dental y mostrándomela me dice que perdió su dentadura después de haber recibido un culatazo con un fusíl mientras lo tenían detenido. Continúa su relato y luego pasa su mano por sus ojos y, en forma absolutamente inesperada para mi, se saca uno de sus ojos, el que era de vidrio, y mostrándomelo en su mano me dice que eso también fue producto de la tortura.

Allende y su gobierno recibieron el apoyo de cristianos conscientes que también deseaban una sociedad más justa y de verdadera paz. Muchos religiosos/as dieron su juventud y sus vidas por apoyar a los pobres y su liberación. Ellos no eran personas que hacían una carrera política o buscaban popularidad sino que hombres y mujeres con una alta sensibilidad y verdadero amor por los más débiles. El ejemplo de uno de ellos es resumido en el siguiente relato.

Michael Woodward era un joven sacerdote católico chileno-inglés idealista que vivía en Valparaíso, Chile, en 1973 y quien había dedicado su vida, en consecuencia con su adhesión a los principios de la teología de la liberación, a ayudar a los pobres para que se emanciparan de su miseria a través del poder de la oración y de la política. Michael era militante del MAPU (Movimiento de Acción Popular Unitaria) y fue detenido el 16 de septiembre por una patrulla Naval y años después se supo que murió el 22 de septiembre a consecuencia de las torturas [51].

Su familia supo que estaba muerto aunque nunca nadie les dijo cómo, por qué, ni dónde habían enterrado su cuerpo. Después de treinta y cinco años de su muerte, su hermana Patricia Woodward, finalmente, descubrió que lo tuvieron detenido en un barco de entrenamiento de la Marina chilena en Valparaíso el cual había sido utilizado como un centro secreto de tortura.

[51] Giles Tremlett, 'My 35-year fight to find Pinochet torturers who killed my brother', *The Guardian*, 9 November 2008, : www.theguardian.com/world/2008/nov/09/pinochet-chile-michael-woodward-valpara-so

Su muerte fue el resultado de seis días de una brutal tortura.

En el año 2002 la familia se enteró que el cuerpo de Michael Woodward, a pesar de encontrarse enterrado en el cementerio de Playa Ancha, no podía ser identificado.

Manifestación en mayo del 2015 exigiendo justicia para los asesinos de Michael Woodward (Fuente: cubadebate.cu)

Amigos Perseguidos

La forma como cada una de las víctimas de violaciones de derechos humanos podía llegar a esta condición era muy variada excepto por la crueldad y desprecio a la vida mostrado por sus captores. Durante aquel tiempo no se necesitaba estar empuñando un fusil en contra la dictadura ni estar en un lugar público haciendo un discurso anti fascista para ser arrestado. Así es como la siguiente historia ilustra este tipo de hechos a través de la detención de una querida amiga.

Un día llegó hasta el Comité Pro Paz un militante de la resistencia quien me informó que mi amiga Patricia había sido detenida por la DINA (Dirección de Inteligencia Nacional) y pensé que debía alertar a nuestra común amiga Alicia ya que suponía que ella sabía su dirección. En esas circunstancias le pedí a José Manuel Parada, compañero de trabajo del Comité que por favor me llevara en su auto hasta la casa de Alicia.

José Manuel Parada era un compañero generoso y dispuesto a ayudar a quien se lo pidiese así que inmediatamente dijo que sí y partimos en nuestra misión. Sin embargo, no obstante haber estado muy cerca, no logré recordar ni encontrar la dirección de mi amiga Alicia y aunque después me daría cuenta que estuvimos a corta distancia de su casa tuvimos que devolvernos sin poder darle aviso de este peligro.

Después de haber terminado mi trabajo, en la tarde del mismo día, fuimos con mi compañera María Cristina, quien siempre se ubicaba mucho mejor que yo, a tratar de dar aviso a esta amiga. Nos acercábamos a su dirección y estábamos como a diez metros antes de llegar a su casa cuando de repente sale una señora corriendo de una casa vecina por donde pasábamos caminando y muy asustada nos dice: "váyanse, váyanse inmediatamente, arranquen, no se acerquen; la Dina ha estado en esa casa todo el día y los tienen a todos detenidos".

Obviamente habíamos llegado tarde para prevenirla pero eso nos evitó a mí y a mi compañero José Manuel Parada de que, horas antes, hubiésemos sido detenidos también por simplemente haber llegado a aquel lugar. Lo que fue una gran suerte para mí y mi compañera en aquellos momentos no lo fue más adelante para José Manuel Parada.

Un día, cuando José Manuel regresaba después de haber ido a dejar a su hijo al colegio, como acostumbraba a hacerlo, fue emboscado y detenido junto a otros dos de sus compañeros por los agentes de seguridad. José Manuel jugaba un papel fundamental en el Comité Pro Paz y después en la Vicaría de la Solidaridad. Desgraciadamente una vez que los servicios de Inteligencia se llevaron a José Manuel Parada nunca más volvió ya que dos días más tarde, él y sus dos compañeros fueron encontrados muertos degollados y abandonados en un camino cerca de Santiago[52].

José Manuel Parada (Fuente: memoriaviva.com)

[52] 'La Vicaría de la Solidaridad (1973-1992)', in: Memoria Chilena, Biblioteca Nacional de Chile, www.memoriachilena.cl/602/w3-article-3547.html.

Carta a una Madre muy Querida

Miles de madres chilenas durante la dictadura militar sufrieron de una manera muy difícil de describir y seguramente solo cada una de ellas podría contarlo. La siguiente historia relata el caso de Dora Guralnik, una madre, colega y amiga nuestra quien fue muy cariñosa con nuestros hijos.

A través del trabajo comunitario de la Vicaría de La Solidaridad en donde apoyábamos proyectos de apoyo social comunitario como comedores infantiles para dar comida a los hijos de personas cesantes, conocí a Dora, colega dentista quien trabajaba para la Vicaría de la Solidaridad atendiendo a personas cesantes y sus familias. Su eficiencia profesional, generosidad y dedicación eran admirables. Dora había educado a sus hijos con principios básicos de generosidad, honestidad y solidaridad con los demás y especialmente los más pobres. Uno de sus hijos, Carlos Berger, de profesión abogado y periodista, quien era funcionario público del gobierno de Allende fue detenido inmediatamente después del golpe. A Carmen Hertz, su esposa, de profesión abogado, los militares a cargo de la prisión en donde se encontraba Carlos le habían prometido que en algunos días seria puesto en libertad ya que no habían cargos en su contra, lo que su esposa creyó. Desgraciadamente no fue así y unos pocos días después llamaron a Carmen para ordenarle que fuese a retirar el cadáver de Carlos ya que había sido ejecutado por 'intento de fuga'.

Su madre Dora, profesional dentista de clase media como también su esposa, Carmen, de profesión abogado, hicieron todo lo que pudieron para poder obtener justicia para Carlos, pero, como en la gran mayoría de los casos en aquel tiempo, no consiguió nada excepto la amargura e impotencia infinita de cualquier madre en una situación similar. La profunda tristeza, desolación e impotencia de esta madre para conseguir justicia para su hijo, la llevó a suicidarse lanzándose al vacío desde el decimo piso de un edificio de departamentos en donde vivía en Santiago.

Antes de ser asesinado Carlos escribió esta carta a su madre:

"Querida y adorada mamá ahora cuando uno tiene de sobra para pensar ratifico plenamente lleno de sentimientos lo mucho que la quiero y la adoro. En momentos difíciles, el cariño que he recibido de Ud., la inmensa formación humana, el amor, la vida, la confianza en la justicia de los propios actos y la tranquilidad de lo que de ellos emana fueron y son de un valor inapreciable. Bueno de estas tantas. Dispuestos aquí estamos vivitos y coleando, las cosas marchan bien sin grandes novedades. Aprovecharé acá de pasar buenas vacaciones leyendo, descansando tomando el sol. Tengo bastante compañía así que no me aburriré. El enanito está muy bien, grande, vivo, Ud. lo verá en Santiago. Estoy seguro que lo cuidará todo lo necesario y se preocupará de él. Carmen se ha portado maravillosa, a una altura insospechable: madura, responsable, se preocupó de todos mis asuntos, difícil de contar y explicarlo, pero realmente emocionante. Se probó en las duras cuanto nos queremos y nos necesitamos, se terminaron las peleas chicas y tontas y quedó un gran amor.

Te quiero.

Tu hijo Carlos"

Esta carta de Carlos le llegó a su madre, pero el nunca llegó, solo sus restos, junto con los des sus compañeros, en el norte de chileno cubierto por la tierra del desierto y tapado por el crimen y la injusticia que controlaban el país durante aquel tiempo[53].

En la preparación de estas memorias tuve el privilegio de recibir un afectuoso y alentador mensaje de Carmencita (como la llamaba Dora, su suegra) quien me daba permiso y alentaba para hacer este recuerdo.

Carlos Berger Guralnik (Fuente: memoriaviva.com)

[53] Nelson Caucoto & Salazar Héctor, *La Noche de los Corvos. El Caso degollados o un verde manto de impunidad*, Ceibo, 2013.

Caravana de la Muerte

El asesinato de muchos chilenos/as durante aquel tiempo no fue una coincidencia sino que un plan sistemático de exterminación de sus opositores por parte de la dictadura militar. La muerte de mi amigo José E. Sepulveda / 'Tano', junto a sus tres jóvenes compañeros y el asesinato de Carlos Berger Guralnik, el hijo de nuestra amiga Dora Guralnik y compañero esposo de Carmen Hertz, fueron solo algunos de los 71 asesinatos cometidos por el plan conocido como 'La Caravana de la Muerte' dirigido por el General Sergio Arellano Stark y aprobado por Pinochet[54].

A pesar de que la dictadura controlaba toda la vida nacional y cada espacio de la vida pública como privada bajo la vigilancia amenazadora de los servicios secretos hubo muchos compañeros/as quienes tuvieron la generosidad, valentía y consecuencia para continuar la resistencia desde la clandestinidad. Sus historias de parejas fueron similares a las historias de amor de parejas de revolucionarios durante la dictadura fascista del General Franco en España y que son ilustradas en el documental "Amores en tiempos revueltos ".

---

[54] Patricia Verdugo, *La Caravana de la Muerte. Pruebas a la Vista.* Editorial Sudamericana Chilena, 2000

¿Dónde está mi Padre?

El relato siguiente narra la suerte de una pareja de jóvenes revolucionarios como centenares de otras parejas quienes vivieron historias similares en aquel tiempo. Una pareja de amigos y compañeros, Patricia y René, quienes resistían en la clandestinidad, como centenares otros, fueron detenidos por la DINA desde una calle central de Santiago para luego ser llevados y torturados en la Villa Grimaldi, prisión secreta de la dictadura en donde desaparecieron muchos detenidos. El nombre de Juan René Mogollones, dirigente sindical y militante del MIR pasó a formar parte de una lista de detenidos políticos desaparecidos. La otra persona detenida era la compañera de René, Patricia, quien al momento de su detención se encontraba embarazada.

Patricia fue brutalmente torturada, encarcelada y posteriormente expulsada a Francia sobre la base del Decreto militar número 504 el que se empleaba como recurso oficial para desterrar y de esta forma deshacerse de los prisioneros políticos directamente desde las cárceles chilenas. Nuestro amigo y compañero de nacionalidad francesa, Charles Condamines, quien también había tenido que exiliarse para impedir ser detenido, consiguió una visa para Patricia lo que le permitió ser expulsada directamente desde la cárcel a Francia. Dado el avanzado estado de embarazo de Patricia, al llegar a Francia, dio a luz a su hija Renata mientras su padre seguía desaparecido. Años más tarde su hija Renata, ya ahora convertida en una adolescente me pregunta: "¿Tío, como es posible que a mi padre lo hayan hecho desaparecer?". Obviamente no tuve las palabras necesarias para responderle. Renata viajó a Gales a compartir su experiencia con grupos comunitarios interesados en derechos humanos y su historia fue recibida con respeto, emoción y compasión por el pueblo galés. Desgraciadamente Renata nunca pudo conocer a su padre ni siquiera saber cómo lo mataron, lo que hicieron con su cuerpo ni donde dejaron sus restos.

Renata Molina Zuñiga, 1986 (Fuente: album familia Cifuentes)

Rodrigo no Regresó

El siguiente relato fue escrito por Fedora Machuca, compañera y esposa de Rodrigo, militante del MIR quien cayó luchando contra la dictadura desde la clandestinidad. Fedora era una de nuestras amigas y compañeras de la Carrera de Servicio Social en la universidad de Chile-Talca con quien compartimos los mismos ideales.

Rodrigo Eduardo Ugas Morales nació en la ciudad de Curicó el 25 de Agosto de 1952. Era estudiante del Instituto Comercial de Talca al momento del golpe militar. En Santiago, el 7 de febrero de 1975, aproximadamente a las 16 horas en la comuna de Quinta Normal fue detenido por agentes de la Dina junto a sus compañeros Oscar Angulo y Sergio Lagos Marín[55]. Fueron llevados hasta el centro de torturas de Villa Grimaldi ubicado en la comuna de Peñalolén. Estuvo en este lugar hasta el 28 de febrero cuando fue sacado con un grupo de 11 prisioneros, de los cuales nunca más se supo.

En el historial de la represión son muchos los testigos que pasaron por Villa Grimaldi que lo conocían y lo vieron detenido allí. Oscar Angulo conoce los detalles de la detención ya que el logró sobrevivir el cautiverio. Otros sobrevivientes, incluyendo Patricia Zuñiga, fueron testigos de su paso por Villa Grimaldi.

A través de estos últimos cuarenta años se han encontrado señales sobre su detención lo que había sido un misterio. Hasta hace pocos años luego de las declaraciones de Oscar Angulo y la investigación del juez

---

[55] Diario La Nación, Chile, 30.03.1985.

Guzmán Tapia, se logró establecer que muchos detenidos habían sido lanzados al mar atados a rieles de tren en la bahía de Quinteros en la quinta región. Buzos del lugar sacaron del fondo del mar rieles en donde en uno de ellos quedó impreso un botón de camisa de los detenidos y el que se puede ver en el museo del parque por la paz de Villa Grimaldi en Santiago.

El ex jefe de la Dina, Manuel Contreras, entregó una lista de personas en donde menciona que el cuerpo de Rodrigo fue lanzado al mar. Fedora, su compañera y esposa, al momento de la detención de Rodrigo, llevaba en su útero dos niños quienes tenían cinco meses de gestación. La desaparición de Rodrigo la dejó sola con sus dos hijos Lucio y Gabriel.

En este relato que recibí de parte de Fedora ella recuerda:

"Fueron años muy difíciles. Tú estabas ahí, en el Comité Pro Paz. Fue un gran aliento encontrar gente amada en medio de tanto dolor ".

Rodrigo Ugaz. Fotocopia de folleto '¿Dónde están?"
(Fuente: www.archivomuseodelamemoria.cl)

El dolor e impotencia al ver la vida de sus hijos en peligro no fue solo de madres y esposas sino que también de muchos padres y hermanos. Las próximas líneas recuerdan las últimas horas de un hombre modesto quien no pudo hacer nada más que inmolar su propia vida en un gesto humano desesperado por proteger a sus hijos.

El 9 de Diciembre de 1983 los dos hijos de Sebastián Acevedo, un trabajador modesto de la ciudad de Concepción en el sur de Chile, Galo y María Candelaria fueron detenidos por civiles sin identificación (agentes de la dictadura con licencia para detener, torturar, hacer desaparecer y asesinar a quien quisieran). Su padre los buscó sin tener ninguna respuesta. El estaba consciente del peligro que corrían sus hijos, como toda persona que era detenida por los servicios de inteligencia en aquel tiempo. Al no tener noticias dos días después de la detención, su padre, Sebastián Acevedo, se roció con bencina y parafina en toda su ropa en la Plaza de Armas de la ciudad de Concepción. Cuando un carabinero trató de detenerlo él encendió fuego a sus ropas y murió a las pocas horas como consecuencias de las quemaduras. Después de su muerte su hija declaró:

"La inmolación de Sebastián sacudió la conciencia, desnudó el drama de las detenciones secretas y las torturas. El impacto de esta acción fue tal que la dictadura se vio obligada a reconocer la detención de Galo y María Candelaria Acevedo para días más tarde dejarlos en libertad"

¿Qué más podría haber hecho este modesto padre en su desesperación por salvar a sus hijos cuando las autoridades militares no lo escuchaban, cuando no existía ningún medio legal efectivo para responder a su preocupación y cuando se sabía que las posibilidades de que sus hijos salieran con vida de las garras de la policía secreta de Pinochet eran muy pocas?

La trágica muerte de Sebastián sacudió la conciencia de la sociedad chilena de tal manera que espontáneamente nació una organización de defensa de derechos humanos en su nombre[56].

Dos Jóvenes Vidas Norte Americanas

Si bien es cierto que la mayoría de los perseguidos eran dirigentes sindicales, políticos de partidos de izquierda, campesinos, pobladores, estudiantes comprometidos con la gente más modesta del país, también hubo personas de clase alta y extranjeros quienes fueron considerados una amenaza para el régimen militar. Así ocurrió con dos jóvenes norteamericanos cuya historia paso a relatar.

Las violaciones de derechos humanos durante la dictadura militar de Pinochet en Chile no solo fueron practicadas en contra de ciudadanos chilenos, sino que también en contra de ciudadanos de cualquier país o condición social. Sólo era suficiente el oponerse a la dictadura, haber apoyado el gobierno de Allende, haber dado socorro o ayuda a víctimas de la represión o simplemente haberse encontrado en un lugar no aconsejable en el peor momento posible.

Este fue el caso de Charles Horman, periodista, y su

[56] Pedro Vidal, *El Movimiento contra la Tortura Sebastián Acevedo*, Editorial Mosquito Comunicación, Segunda Edición, 2003.

amigo Frank Teruggi, estudiante de economía de la universidad de Chile y ambos empleados por la Fuente de Información Norteamericana, una organización de prensa progresista. El día 10 de septiembre del 73, el día antes del golpe, Charles Horman llevó a su amigo Terry Simon, un norteamericano quien estaba de visita en Chile, a visitar la costa de Viña del Mar, una de las ciudades más turísticas del país. Ellos habían pensado ir sólo por el día, pero como el golpe militar tomó lugar a la mañana siguiente, no pudieron regresar ya que todas las carreteras estaban cerradas por lo que tuvieron que quedarse en el hotel Miramar por cuatro días hasta que el país volviera a alguna normalidad.

Durante su estadía involuntaria en el hotel, el 12 de septiembre, simplemente por casualidad se encontraron conversando con un americano llamado Art Creter quien se presentó como ingeniero naval jubilado con base en Panamá y que, según el decía, había venido a Chile sólo por un 'breve trabajo puntual' con la Marina. En su conversación Creter le dijo a Charles y su amigo que probablemente tendrían que estar algunos días más en el hotel pero que no se preocuparan porque el golpe había tomado lugar sin problemas. En esta conversación Creter contó a Charles y su amigo que por supuesto el golpe había sido planeado muy bien y ellos estaban al tanto desde antes del mismo golpe. Además, Creter reveló la presencia cercana de un barco crucero, dos barcos destructores y un submarino cerca de la costa lo que demostraba la participación de los militares norteamericanos en el golpe de Estado. En este encuentro Charles y su amigo recibieron información muy delicada, la que ellos ni buscaban ni pidieron, pero al darse cuenta de su error Creter y sus colegas militares chilenos muy pronto se encargaron de corregirlo. La manera de hacerlo fue deteniéndolos y más tarde torturando a Charles y a su amigo Frank Teruggi hasta su muerte.

Sus padres, ciudadanos norteamericanos con recursos, estaban convencidos de que las autoridades norteamericanas de su país les ayudarían a encontrar a sus hijos y exigirían justicia para ellos. Lamentablemente se habían equivocado. Charles y Frank fueron ejecutados con la complicidad abierta del consulado norteamericano en Chile.

Después de que sus padres y la esposa de Charles hicieron lo imposible por encontrarles visitando cárceles, hospitales y morgues, seis meses después de recibir confirmación de la muerte de Charles recibieron este mensaje de parte de Henry Kissinger, Ministro de Relaciones exteriores de Nixon:

"A objeto de que la embajada norteamericana en Santiago pueda organizar el envió por barco, ustedes recordarán que es necesario pagar un depósito de novecientos dólares para cubrir los gastos de preparación de los restos y su transporte a la ciudad de Nueva York", este telegrama agregaba "Pagos e instrucciones deben ser enviados a la oficina de Servicios Especiales Consulares del Departamento de Estado. Por favor acepten nuestras profundas condolencias en este trágico evento"[57].

---

[57] Charles Horman Truth Foundation, www.hormantruth.org, 2002-15. National Security Archive, George Washington University, 'State Department Release on Chile shows Suspicions of CIA Involvement in Charles Horman "Missing" Case', nsarchive.gwu.edu/news/19991008/index.html, 1999. Diana Jean Schemo, 'U.S. Victims of Chile's Coup: The Uncensored File',

La historia de estos dos jóvenes norteamericanos asesinados fue, más tarde, relatada en la película "Missing" producida por Costa Gavras con la actuación de Jack Lemmon y Sissy Spaceck[58].

Charles Horman y Frank Teruggi
(Fuente: www.a-w-i-p.com)

www.nytimes.com/2000/02/13/world/us-victims-of-chile-s-coup-the-uncensored-file.html, 2000.

[58] Hauser, Thomas, *Missing* , New York : Avon Book, 1982.

Cartel para la pelicula 'Missing' (Fuente: Alamy.com)

De una manera similar, muchas de las víctimas de la dictadura fueron personas que solamente querían tender una mano de compasión a quienes lo necesitaban. El querer ser un buen samaritano/a en ese contexto se pagaba muy caro como enseguida lo relata una de sus protagonistas.

Sheila Cassidy es una doctora de nacionalidad inglesa quien publicó su propia historia como sobreviviente de la tortura en Chile en su libro llamado "Audacity to Believe" después de que en el año 1975 diera atención medica a Nelson Gutiérrez, un alto dirigente del Movimiento de Izquierda Revolucionaria (MIR) quien organizaba la resistencia desde la clandestinidad en contra de la dictadura y quien era buscado por los servicios de seguridad[59]. Dr. Sheila Cassidy fue detenida y mantenida en prisión sin ningún juicio y durante la primera parte de su detención fue brutalmente torturada en la Villa Grimaldi, prisión clandestina de la dictadura, para que dijera donde se encontraba su paciente.

En su libro la Dra. Cassidy describe como fue torturada por los servicios de seguridad incluyendo el uso de la parrilla que consistía en poner a los prisioneros políticos desnudos en una estructura metálica donde se les torturaba con descargas eléctricas a través de todo el cuerpo. Después de recuperarse de los traumas físicos y emocionales de la tortura Sheila Cassidy vivió un tiempo como religiosa y luego continuó su práctica como doctora.

---

[59] Cassidy, Sheila *Audacity to Believe*, Collins, 1977.

Rafael y Eduardo Vergara Toledo (Fuente: lanacion.cl)

Es trágico perder a un ser querido no importa en qué condiciones ni porqué. Es más duro aun aceptar perder a un ser querido a temprana edad y es por supuesto mucho más duro cuando no solo se pierde uno sino que dos al mismo tiempo e infinitamente más duro al saber que se pierden vidas simplemente por sed de venganza. Este fue el caso de los hermanos Vergara que ahora paso a relatar.

La Comisión Nacional de la Verdad y Reconciliación, conocida también como la Comisión Rettig[60], que tenía por objeto investigar las violaciones de derechos humanos en Chile concluyó de la manera siguiente lo que sucedió con Rafael y Eduardo Vergara Toledo, hermanos de dieciocho y veinte años de edad, respectivamente, el día 20 de Marzo de 1975:

"Los hermanos Vergara Toledo fueron

---

60 *The Rettig Report / Informe Rettig,* 1991: Informe de la Comisión Nacional del la Verdad y Reconciliación www.usip.org/publications/truth-commission-chile-90.

> interceptados, acorralados y luego acribillados por carabineros con un fusíl SIG, una subametralladora UZI y sus armas de servicio.
>
> Rafael fue ejecutado a sangre fría por agentes estatales, estando ya herido, en violación a sus derechos humanos. Su hermano Eduardo falleció en un supuesto tiroteo. De acuerdo a los peritajes, con heridas que corresponden a disparos por la espalda y el costado izquierdo. Los cuerpos de los dos hermanos fueron abandonados en la vía pública".

Luisa Toledo, madre de estos dos hermanos era colega nuestra en la Vicaría de la Solidaridad y nos es imposible imaginar el dolor que esta tragedia le trajo a sus padres y a toda su familia. Junto a Luisa Riveros, una pobladora luchadora por la justicia social, Luisa Toledo publicó recientemente un libro lleno de lágrimas y risa: '*Dos Vidas, Una Lucha*[61]'

---

[61] Luisa Toledo y Luisa Riveros *Dos Vidas, Una Lucha*, Cinco Ases 2015

Dos Vidas, Una Lucha (Fuente: www.feriachilenadellibro.cl)

El uso de la expresión violación de derechos humanos puede dar una impresión general básica de acciones fuera de la ley en contra de personas privadas de libertad, lo cual es parte de la verdad. Sin embargo, una comprensión más cabal de dicha expresión comienza a aparecer cuando las mismas personas que han sufrido dichas violaciones relatan lo que ellos han vivido bajo tortura. Revelaciones de centenares de ex prisioneros políticos ilustran el tipo de abusos al que fueron sometidos durante la dictadura militar de Pinochet en Chile.

Al recordar algunas de las historias personales de las víctimas de la represión, las que conocí más directamente, he optado por no incluir abusos de violaciones a los derechos humanos que no solo escaparían a la imaginación humana sino que, además, probablemente, impedirían al lector continuar leyendo esta historia.

Centenares de otros casos de violaciones de derechos humanos vienen a mi memoria todos ellos víctimas de abusos inimaginables y todos ellos pidiendo una justicia que dormía durante aquel tiempo

Cada uno de los casos aquí brevemente reseñados podría dar lugar a un libro muy largo de escribir y a la vez muy difícil de creer excepto de que el lector o lectora hayan ellos mismos vivido experiencias similares.

Para la dictadura sus enemigos no eran ni necesariamente los pobres ni los trabajadores como tampoco los chilenos ni los extranjeros. Sus amigos tampoco eran necesariamente ni los ricos ni los norteamericanos. Los verdaderos enemigos de la dictadura eran aquellas personas capaces de criticarla y de atreverse a decir de que no era justo ni correcto todo lo que hacían y estos podían ser ciudadanos de cualquier nacionalidad, clase social, creyentes o agnósticos, hombres o mujeres, jóvenes o ancianos.

A través de esta historia muchos de mis compañeros y amigos cayeron en el camino. Sus padres y familias aun los lloran y se preguntan si realmente valió la pena que ellos hubiesen dado sus vidas tan jóvenes por construir un Chile mejor y más justo.

Junto al dolor, decepción y soledad que una derrota como la que sufrimos nos hizo sentir, también fuimos afortunados al recibir muestras de solidaridad de parte de miles de personas a través del mundo entero. Muchas de estas personas creían en nuestro proyecto de poder construir una sociedad socialista a través de una vía democrática y legal. Miles de personas en diferentes países tenían fe en que Allende y su gobierno trataban verdaderamente de construir una sociedad más justa y menos desigual. De esta manera el golpe contra la democracia en Chile fue también un golpe contra millares de personas en diferentes países del mundo que aspiraban y creían en un mundo mejor.

Esta compasión y solidaridad también no se hizo esperar en Gales en donde sindicatos de trabajadores, los partidos Laborista, Plaid Cymru, Comunista, Verde y movimientos de izquierda como el Partido Socialista de los Trabajadores, como también personas simplemente movidas por su conciencia, salieron a la calle a denunciar los crímenes de la dictadura fascista de Pinochet y a apoyar al pueblo chileno en su lucha contra de la opresión[62]

Todo esto sucedía en la sociedad chilena bajo dictadura militar en donde su líder máximo, General Au-

---

[62] John Hooper & Clare Dyer, 'Shock at Pope's Pinochet plea', *The Guardian*, 19 febrero 1999.

gusto Pinochet se ufanaba al proclamar públicamente que "en su país no se movía ni una sola hoja sin su autorización[63]", lo que más tarde seria corroborado por sus sub-alternos quienes trataban de justificar sus crímenes contra la humanidad sobre la base de que ellos solamente habían cumplido con las órdenes superiores emanadas de su comandante en jefe, A. Pinochet.

Operación Colombo

La sociedad chilena durante la dictadura militar vivió un terrorismo de Estado en donde los crímenes no se perpetraban como una reacción en contra de personas que trataban de resistir, sino que existía una planificación sistemática, metódica y estratégica para eliminar a sus opositores tanto dentro como fuera del país. La dictadura militar chilena coordinó esfuerzos con la CIA y otras dictaduras del continente para llevar a cabo sus planes de exterminio masivo de todos los chilenos que se atrevieran a desafiar el fascismo [64]. La dictadura de Pinochet llevó a cabo operaciones internacionales como la que conocí desde cerca y que ahora paso a recordar.

Con el propósito de hacer creer a la opinión pública de que los detenidos desaparecidos chilenos buscados

[63] 'Las frases más controvertidas del ex dictador Pinochet', www.20minutos.es/noticia/180543/0/pinochet/frases/polemicas/.

[64] Valech Report / Informe de la Comisión Nacional sobre Prisión Política y Tortura (presidida por Sergilo Valech), 2005: www.indh.cl/informacion-comision-valech.

por sus familiares en realidad se habían arrancado a Argentina en donde estaban siendo ajusticiados por sus propios compañeros acusados de traición, la dictadura creó el plan llamado Operación Colombo.

Luego de diseminar información falsa en preparación para dicho plan en el que decían que guerrilleros del MIR (Movimiento de Izquierda Revolucionaria) estaban ingresando clandestinamente a Chile, el día 24 de Julio de 1975, el tabloide derechista de Santiago 'La Segunda' publicó el siguiente titular:

'Exterminados como ratas: 59 miristas caen en operativo militar en Argentina' [65]

Como parte de este plan, una semana antes, la revista 'Léa' de Buenos Aires, Argentina y la cual solo tuvo una edición antes de desaparecer, publicó una lista de sesenta nombres de detenidos políticos que según esta revista habían sido ejecutados por sus propios compañeros en 'ajustes de cuentas políticas'.

La lista de 119 fue completa el 17 de Julio de 1975 cuando el diario brasileño 'Nuevo O Día' publicó una lista de 59 nombres de chilenos los que supuestamente habrían muerto en enfrentamientos con fuerzas militares[66].

Por supuesto la aparición de tal 'noticia' en la portada principal de un tabloide popular en Santiago, la capital del país, causó conmoción, shock, espanto y desesperación especialmente en los familiares de estos 119 prisioneros políticos desaparecidos quienes les habían estado buscando por mucho tiempo sin haber podido

---

[65] 'Exterminan como ratas', Diario *La Segunda*, Santiago, 24 de julio 1975.

[66] Archivo Chile, *Dossier Caso de los 119. Operacion Colombo*. Fuente : Vicaría de la Solidaridad

jamás obtener ninguna respuesta por parte de la dictadura.

GIGANTESCO OPERATIVO MILITAR EN ARGENTINA

Exterminan como ratas a miristas

Un total de 59 extremistas chilenos, entre muertos, heridos y evadidos, fueron identificados en recientes encuentros con fuerzas policiales argentinas, en la localidad de Salta, según da cuenta el diario "O'Dia", de Curitiba, Brasil.

Así lo dio a conocer una fuente responsable de gobierno que citó la publicación aparecida en el mencionado diario.

Las incursiones extremistas se han visto incrementadas en los últimos días en la Cuenca del Plata, lo que ha motivado diversas operaciones militares en el sector, a cargo de efectivos policiales argentinos, según informa el diario.

En uno de estos operativos se identificó a 59 extremistas chilenos, entre muertos, heridos y evadidos, según el diario.

El operativo antiguerrillas realizado en Salta es considerado como uno de los más importantes hechos hasta la fecha por las fuerzas policiales argentinas que en los últimos choques han conseguido desbaratar varias células extremistas que operaban en ese sector y que tenían conexiones con Chile, Bolivia y Uruguay, según detalla el diario.

LISTA DE IDENTIFICADOS

EL DIARIO "O'Dia" agrega que en los dos últimos choques con las fuerzas del Gobierno argentino fueron identificados, entre los muertos, heridos y evadidos, los siguientes miembros del Movimiento de Izquierda Revolucionaria, MIR, proscrito en Chile: Francisco Aedo Carrasco, Miguel Acuña Castillo, Alberto Vladimir Arias Vega, Juan Carlos Andrónicos Antequerra, María Angélica Andreoli Bravo, Eduardo Alarcón Jara, María Teresa Bustillos Cereceda, Jaime Mauricio Buzio Lorca, Arturo Barría Araneda, Francisco Javier Bravo Núñez, Mario Edgardo Calderón Tapia, Claudio Contreras Hernández, Cecilia Gabriela Castro Salvadores, Ismael Darío Chávez Lobos, Manuel Cortés Joo, Washington Cid Urrutia, Luis Eduardo Durán Rivas, José Humberto D'Orival Briceño, Felisa de la Jara Goyeneche, Modesto Segundo Espinoza Pozo, Rodolfo Alejandro Espejo Gómez, María Teresa Eltit Contreras, Albano Agustín Fioraso Chau, Luis Julio Guajardo Zamorano, Rodolfo Valentín González Pérez, Alfredo Gabriel García Vega, Hernán Galo González Inostroza, Jorge Antonio Herrera Cofré, José Hipólito Jara Castro, María Isabel Jovy Peterson, María Cristina López Stewart, Ofelia de la Cruz Lazo Lazo, Mónica Llanca Iturra, Juan René Molina Mogollones, Pedro Juan Marino Molina, Germán Moreno Fuenzalida, Rodolfo Marchant Villaseca, Eugenia del C. Martínez Fernández, Juan Bautista Maturana Pérez, Ramón Osvaldo Núñez Espinoza, Jorge Alejandro Olivares Graindorge, Nelson Olmo Guzmán Gary, Mario Fernando Peña Solari, Isidro Miguel Pizarro Meniconi, Carlos Fredy Pérez Vargas, Juan Carlos Perelman Ide, Israel Leonardo Retamales Briceño, Agustín Osvaldo Reyes González, Jaime Eugenio Robotham Bravo, Hugo Daniel Ríos Videla, Carlos Eladio Salcedo Morales, Ariel Martín Salinas Argo-Vergara, Fernando Silva Camus, Enrique Segundo Toro Romero, Bárbara Gabriela Uribe Tamblay, Altamirano Edwin Van Yurich, José Caupolicán Villagra Astudillo, Jaime Enrique Vásquez Sáenz y Héctor Calletano Zúñiga Tapia.

"Exterminados como ratas los MIRistas":
La Segunda 24 de julio 1975
(Fuente: www.derechos.org/nizkor/chile/libros/119/cap3.html)

Inmediatamente después de dicha publicación, el Comité Pro Paz se llenó rápidamente de decenas de familiares de dichos presos políticos quienes llegaban desesperados después de haber leído que los nombres de sus seres queridos aparecían en dicha publicación. Funcionarios del Comité Pro Paz , la Iglesia Católica, abogados, y organismos de derechos humanos inmediatamente se movilizaron para evaluar la autenticidad de dicha publicación para muy pronto descubrir que ambas publicaciones extranjeras ya no estaban en circulación y que por lo tanto se trataba de un plan de la dictadura para intentar dar una respuesta al problema de los desaparecidos en Chile, como también una manera de intentar aplacar las críticas nacionales e internacionales sobre el estado de los derechos humanos bajo la dictadura de Pinochet.

Los familiares de estas 119 personas desaparecidas, muchos de los cuales a quienes conocíamos personalmente a través de nuestro trabajo en el Comité, ya habían sufrido bastante al no encontrar a sus seres queridos y tener que imaginarse lo peor, pero esta vez, tuvieron que llorarlos por muertos y luego hacer frente a esta cruel farsa del régimen militar.

Aún recuerdo vívidamente como estos familiares y los trabajadores del Comité, aquella mañana, inmediatamente después de esa macabra mentira, nos abrazábamos compartiendo nuestras lágrimas de dolor e impotencia.

Funeral de Rodrigo Rojas De Negri, 1986
(Fuente: Alexandro Hoppe, en Chile desde adentro, Gronefot 2015 / Chile from Within, Norton 1990)

Detención durante una manifestación para la libertad de la prensa, Santiago, 1986 (Fuente: Álvaro Hoppe, en *Chile desde adentro*, Gronefot 2015 / *Chile from Within*, Norton 1990)

Quemados Vivos

El 2 de Julio de 1986, el día en que la dictadura celebraba su 13 aniversario desde el golpe militar dos jóvenes fueron quemados vivos durante una demostración en Santiago contra el regimen militar. Se había llamado a una huelga nacional general y Pinochet amenaza con sacar las Fuerzas Armadas a las calles para reprimir a todos los que participaran.

Carmen Quintana era una estudiante universitaria de 18 años de edad y se dirigia a tomar parte en la demostración junto a su hermana mayor cuando se juntaron con algunos de sus vecinos, entre ellos Rodrigo Rojas De Negri quien tenía 19 años y otro dos jóvenes a quienes conocían. Los muchachos intentaban crear una barricada con neumaticos encendidos para paralizar el trafico de vehiculos en una calle principal. Las muchachas decidieron ayudar. Minutos antes de unirse a la demostración fueron interceptados por una patrulla militar dirigida por el Oficial Pedro Fernandez Diltus. Ellas arrancaron pero Carmen y Rodrigo no lo pudieron hacer y fueron detenidos.

En Julio del 2013, Carmen contó su historia en el programa de la BBC llamado Testigo como ella y Rodrigo fueron cubiertos con bencina y los incendiaron.

> "A Rodrigo lo tiraron al suelo en donde lo patearon mientras que a mi me trajinaban la ropa por todo el cuerpo antes de ponerme en contra de la pared. Me preguntaron donde iba y les dije que iba a la Universidad. Me chequearon mi carnet y se quedaron con él. Me insultaron con groserías y me golpearon en la

espalda con sus sub ametralladoras. Luego se comunicaron con otra patrulla militar la que acababa de llegar.

El oficial militar Pedro Fernandez Diltus tomó un bidau de bencina mientras me tenían contra la pared y vaciaron la bencina por todo mi cuerpo desde pies a cabeza e hicieron lo mismo con Rodrigo quien estaba sangrando en el suelo. En esos momentos pensé que solo querían burlarse de nosotros, que pronto nos dejarían libres y entonces podríamos ducharnos. Sin embargo, de repente lanzaron un objeto incendiario el que explotó en nuestros cuerpos y pasamos a covertirnos en antorchas humanas

En desesperación traté de apagar las llamas de mi cuerpo tirandome al suelo dándome vueltas con la esperanza de poder apagar el fuego pero no resultó. Después sentí que alguién me tiró una frazada sobre mi cuerpo, me la envolvieron sobre mi y me tiraron en la parte trasera de un camión. Después perdí el conocimiento.

Desperté solo cuando los soldados nos estaba tirando a un barranco en un lugar de campo en donde antes corría algo de agua pero ahora estaba seco. Primero me tiraron a mí y enseguida otro cuerpo. Tenía tanto miedo que me hize la muerta. Entonces nos dejaron botados allí. Rodrigo comenzó a moverme tratando de despertarme. Nos paramos, lo miré: su piel estaba toda negra y habia perdido la mitad de su pelo. Caminamos hacia la calle principal y nos dimos cuenta de que estabamos cerca del aeropuerto.

La gente que pasó por alli en vehiculos nos miraban con miedo ya que seguramente parecíamos sonambulos. Después llegó un vehiculo de Carabineros. Al vernos se quedaron mudos pero llamaron una ambulacia la que se demoró mucho. Algunos trabajadores del area nos hicieron unas camillas como pudieron. Rodrigo les suplicó a los Carabineros que lo mataran para poner fín a su sufrimiento pero no le hicieron caso. Luego hicieron parar un vehiculo y lo obligaron a que nos llevaran ala posta más cercana.

Una enfermera muy amable trató de ubicar a mis padres mientras me tenían en Urgencias, perdí el conocimiento, entré en estado de coma y después me hicieron muchas operaciones de transplante de piel. Rodrigo no logró sobrevivir. Tenía un 70% de su cuerpo quemado y murió cuatro días después. Yo tenía 65% de mi cuerpo quemado ademas de quemaduras de segundo y tercer grado[67].

La versión oficial de los militares fue de que Carmen y Rodrigo habrian sido detenidos porque llevaban bombas Molotov las cuales explotaron accidentalmente encendiendoles en llamas.

Fernando Guzmán, uno de los soldados de aquella patrulla militar, años después decidió romper el silencio acordado sobre la base de dinero y beneficios especiales para todos aquellos envueltos en este hecho siempre que no dijeran nada, y así fue como contó la

[67] Mike Lanchin, 'Carmen Quintana: Set on Fire by Pinochet's Soldiers', 2013, at: www.bbc.com/news/magazine-24014543.

historia de los verdaderos hechos. De acuerdo con su declaración de investigación judicial, el fuego fue iniciado por el Oficial Julio Castañer con un encendedor.

Carmen Gloria Quintana (Fuente: holaciudad.com)

Después de pasar tres meses y medio hospitalizada Carmen viajó a Canadá para continuar tratamiento médico. Durante el primer año recibió cuarenta operaciones. Regresó a Chile en 1988 en donde tuvo dos operaciones más pero luego desarrolló una fobia contra la anestesia la que no le permitió poder tener mas operaciones. A pesar de su increíble sufrimiento, Carmen continuó denunciando las brutales atrocidades de Pinochet y vino a Swansea a comienzos de 1980 en donde dió su testimonio a sindicatos y organizaciones de derechos humanos.

Carmen Gloria Quintana con el Movimiento Sebastían Acevedo Against Torture, en 1986 (Fuente: Álvaro Hoppe, en *Chile desde adentro*, Gronefot 2015 / *Chile from Within*, Norton 1990)

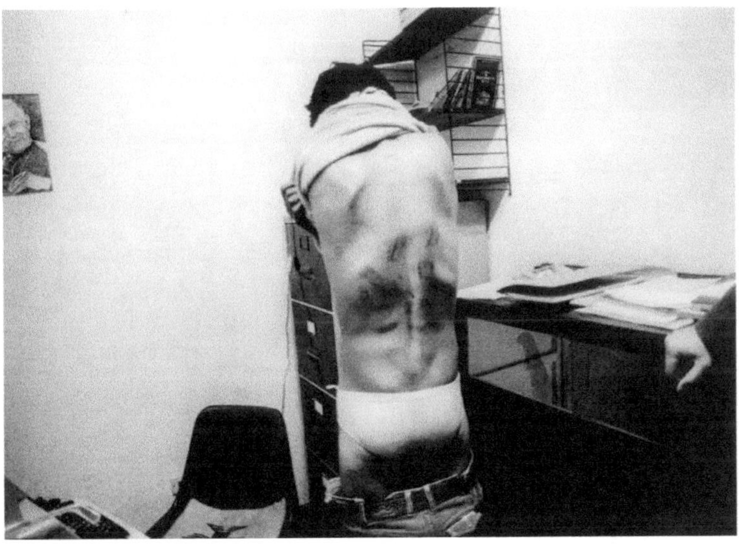

Dentro de la Vicaría de Solidaridad en 1983: un ex-prisionero politica muestra sus cicatrices y quemaduras despues de ser torturado (Fuente: Marcelo Montecino, en *Chile desde adentro*, Gronefot 2015 / *Chile from Within*, Norton 1990)

Madres de los detenidos politicos desaparecidos durante la dictadura de Pinochet
(Fuente: laintervencionestadounidense.blogspot.co.uk)

Niño lesionado en La Victoria en 1984 cuando la policia abrió fuego contra los manifestantes (Fuente: Claudio Pérez en *Chile desde adentro*, Gronefot 2015 / *Chile from Within*, Norton 1990)

Increíble

La historia del Comité Pro Paz durante aquellos años bajo dictadura es seguramente una historia de grandes dolores y pequeñas alegrías. Dentro de diferentes aspectos es justo reconocer la calidad humana de sus trabajadores, muchos de ellos víctimas de abusos por la dictadura pero que ahora tenían como por misión el saber escuchar y dar esperanza a otras víctimas como también muchas veces solamente poder acompañarles en su dolor. Con estas compañeras/os de trabajo, el dolor, la impotencia y unos rayitos de esperanza nos llevó a formar una pequeña/gran familia cuyos lazos aún perduran gracias al cariño de muchos de ellos como Normita, Gloria, Daniela, Ángela, Andrea, Ximena, María Luisa, Angélica, Checho y muchos más.

El trabajo por los derechos humanos aquellos días contó con el apoyo anónimo, silencioso, pero muy efectivo de muchos religiosos/as quienes arriesgaron sus vidas para ayudar a los perseguidos políticos, dar asistencia médica a los heridos que no podían llegar a los hospitales por razones de seguridad, a los que no tenían techo ni pan, como a aquellos que estaban desesperados por poder saltar al interior de alguna embajada de un país solidario que los recibiera.

No siempre todas sus misiones culminaron en un final feliz, pero ellos siempre se entregaron por entero para proteger vidas humanas. Entre muchos otros recuerdo el ejemplo conmovedor de religiosas/os como Carol, Paula, Andrea, Blanca Rengifo, María Dubois, Ma, Mo, Daniel Panchot, Claude Josso, Roger Lamelet, Guido Lebret y por supuesto los dos valientes sacerdotes franceses quienes me dieron refugio en la Parroquia

San Luis cuando estaba en la clandestinidad.

La batalla de Chile por su independencia económica y política incluyó a trabajadores, campesinos, pobladores, intelectuales, funcionarios públicos y sectores de toda la sociedad chilena. Sin embargo, es justo reconocer que la juventud jugó un papel no solo muy especial sino que fundamental. Quizás el hecho de ser joven no solo da más libertad sino que, además permite ser más persistente al tratar de no aceptar limitaciones sobre lo que se considera posible e insta a atreverse a luchar por conseguir lo que se considera justo.

En todos los partidos de izquierda y movimientos políticos progresistas e independientes había jóvenes muy generosos y valiosos. Sin embargo uno de los partidos que se caracterizó por haber reclutado un mayor número de jóvenes movidos por un idea socialista fue el Movimiento de Izquierda Revolucionaria (MIR) posiblemente porque nació bajo las aulas de la universidad de Concepción en los años 60 bajo la dirección de estudiantes intelectualmente brillantes como Miguel Henríquez, su hermano Edgardo, Bautista Van Schouwen Vasey, Luciano Cruz, Pascal Allende y Nelson Gutiérrez quienes levantaron un programa revolucionario que sobrepasaba las políticas de la izquierda tradicional chilena.

El crecimiento del MIR pasó a jugar un papel muy importante durante el gobierno de Allende a tal punto que este movimiento se convirtió en el enemigo más temido de la derecha política chilena. Inevitablemente, inmediatamente después del golpe militar la primera prioridad de los servicios de inteligencia fue hacer desaparecer al MIR. Así fue como eliminaron centenares de vidas de jóvenes universitarios caracterizados por su generosidad, inteligencia, radicalismo, integridad moral y entrega a la causa del socialismo. En esta masacre, llamada operación Colombo, efectuada por los servicios de inteligencia de la dictadura, la mayoría de las víctimas eran miembros del MIR.

El proyecto de Allende de crear una sociedad socialista a través de la vía legal fue desde su inicio considerado como una experiencia política inédita en todo el mundo. Por esta razón el solo hecho de que Allende hubiese ganado la elección presidencial atrajo un interés mundial sobre lo que se consideró como "un experimento político imposible de concebir". Un aspecto esencial a tener en cuenta para poder comprender este período de la historia de Chile, fue el apoyo masivo de los trabajadores, campesinos, pobladores, intelectuales y especialmente la juventud. El gobierno de Allende desde su comienzo atrajo a una gigantesca masa humana de tal manera que para poder mantener la opresión el régimen militar de Pinochet tuvo que imponer una de las dictaduras más sangrientas y brutales de latinoamérica.

Todo lo que he narrado aquí es lo que viví o fui testigo de manera directa o indirecta, desde el 11 de septiembre del 1973 al 6 de septiembre del 1977 cuando tuvimos que dejar nuestro país, es decir durante solo los primeros cuatro de una dictadura militar que duró 17 años. Jamás podría haber creído lo aquí narrado independientemente de quien me lo hubiese contado si no lo hubiese visto con mis propios ojos.

Por esta misma razón, en todas las oportunidades en que se me ha pedido hablar sobre este periodo de la historia de mi país aquí en Swansea, explico desde el principio que no espero que crean lo que relato pues a mí mismo me parece una historia ciertamente difícil de poder creer.

Sin embargo los hechos son los hechos y con el paso del tiempo y el derrumbe de la dictadura la verdad comienza a aflorar. Así lo demuestra la información provista por la Comisión de Verdad y Reconciliación, organismo oficial del gobierno de Chile creado en abril de 1990 para contribuir al esclarecimiento global de la verdad sobre las más graves violaciones a los derechos humanos cometidos entre el 11 de septiembre de 1973 y el 11 de marzo de 1990, tanto en el país como en el extranjero, conocido como el Informe Valech. Este indica que alrededor de 35000 personas fueron víctimas directas de abusos de derechos humanos de los cuales 28000 fueron torturados, 2269 ejecutados y 1248 continúan como detenidos desaparecidos. Unas 200,000 personas habrían sufrido exilio y cientos de miles habrían pasado por centros clandestinos ilegales de detención[68].

A pesar de todo, cuarenta anos después, aparecen latidos de nueva vida y esperanza ilustrada en la vida de algunos de los protagonistas de esta historia:

Macarena Aguiló, quien fue secuestrada por los Servicios Secretos cuando sólo tenía tres anos de edad, hoy es una cineasta quien ha hecho una valiosa contribución denunciando abusos de la dictadura militar; Carmen Hertz, quien era una joven madre cuando tuvo que sufrir el brutal asesinato de su companero esposo Carlos Berger, llegó a ser una prominente abogada asesora del gobierno de Chile en democracia y de manera exitosa llevó a Juicio a Pinochet y al General Sergio Arellano Stark por su responsabilidad en la

[68] *Informe de la Comisión Nacional sobre Prisión Política y Tortura*, 2005: www.indh.cl/informacion-comision-valech.

'Caravana de la Muerte' y su masacre; El cumpleaño de Victor Jara es celebrado en vivo por más de mil personas tocando sus guitarras con sus canciones; Un monumento en recuerdo de Salvador Allende ha sido levantado afuera de La Moneda, la casa de gobierno en Santiago; Renata Molina Zuñiga, la adolescente cuyo padre sigue desaparecido hoy en día desempeña un activo rol en una organización Franco-Latinoamericana en Francia impulsando solidaridad con los pueblos que luchan por su liberación; y finalmente, Rocío del Trigal, quien en su primer mes de edad tuvo que entrar en la clandestinidad con sus padres para evitar ser detenidos hoy es la Directora de la principal organización en Gales responsable por el bienestar y los derechos de las minorías étnicas (EYST) y ha sido la editora de este libro en Castellano.

Y, a pesar de todo, indudablemente que hubiésemos preferido mil veces, jamás tener que haber vivido esta pesadilla que pareciera nunca poder terminar.

Miguel Enriquez, secretario general del Movimiento de Izquierda Revolucionario (MIR) (Fuente: google.com)

Manifestación del MIR (Movimiento de Izquierda Revolucionario) (Fuente: links.org.au)

Memorial al MIR memorial en la Villa Grimaldi, ex-centro de tortura (Fuente: www.puntofinal.cl/709/memorial.php)

La Policía Secreta nos Pisa los Talones

Después de que uno ha sido perseguido, detenido, torturado, encarcelado y dejado en libertad sin cargos en su contra, uno podría pensar que ahora se podría relajar. Desgraciadamente este no era el caso en un Chile bajo dictadura militar. Esto lo aprendimos cuando, una vez más, necesitamos, huir de los servicios secretos pero esta vez no solo como pareja sino como una familia de tres cuando tuvimos que pasar a la clandestinidad con nuestra hija Rocío de sólo 1 mes de edad.

Mientras mi compañera María Cristina y yo continuábamos trabajando en la Vicaría de la Solidaridad ,que era la continuación del Comité Pro Paz, un día 4 de agosto del 1976, poco antes de que comenzara el toque de queda, en donde nadie podía circular por las calles del país después de las 22 horas, María Cristina estaba acercándose a su noveno mes de embarazo cuando comenzó a sentir contracciones. Como son las vueltas de la vida ¡. Jamás me podría haber imaginado que aquel abuelo angustiado (Dr.Aguiló) a quien había atendido en mi trabajo cuando vino a denunciar el secuestro y desaparición de su nieta Macarena de solo tres años y medio de edad, sería el médico que atendería el parto de Cristina. Nos dirigimos a la clínica Las Lilas a esperar el nacimiento de nuestra hermosa hija quien nació una fresca mañana de invierno el día 5 de agosto de 1976.

Un mes después, estando en casa con nuestra hija recién nacida, recibimos una llamada telefónica a primeras horas de la mañana de parte de la Sra. Alicia, madre de una amiga nuestra quien nos decía muy asustada:

"Por favor, arránquense, dejen su casa y váyanse a cualquier otro lugar inmediatamente porque los agentes de seguridad los buscan a ustedes. De madrugada allanaron mi casa y se llevaron detenida a mi hija Alicia quien ahora está desaparecida y la interrogaban exigiéndole que les dijera donde estaban ustedes, por favor arranquen".

Esta llamada marcó una nueva etapa en nuestras vidas bajo la dictadura. Ya no sólo se trataba de que como pareja fuéramos perseguidos por los servicios de inteligencia de la dictadura sino que ahora, además de ser perseguidos, éramos padres de una niña recién nacida. Por supuesto no había otra alternativa así que cogimos lo esencial que podíamos llevar en nuestras manos ya que no contábamos con otros medios y abandonamos nuestro hogar con nuestra pequeña hija Roció de solo un mes de edad.

Su hija Alicia, nuestra amiga, estuvo desaparecida por algún tiempo y posteriormente fue encarcelada en el campo de concentración de Tres Álamos en Santiago en donde meses después tuve la ingenuidad de intentar poder visitarla aunque no pude verla.

Durante aquellos mismos días, supimos que varios amigos/as nuestros habían sido detenidos simultáneamente en distintas partes del país. Estos eran nuestros mismos amigos/compañeros con quienes habíamos vivido y luchado juntos en nuestra ciudad universitaria de Talca y en donde hicimos muchas cosas por nuestra población. El pretexto usado por los servicios de inteligencia fue que nosotros formábamos un núcleo de resistencia, pero lo que no era verdad.

En estas circunstancias no tuvimos otra opción excepto buscar refugio y para mayor seguridad decidimos no estar juntos. Así María Cristina, mi compañera, se fue con nuestra hija Rocío recién nacida a un lugar y yo a otro sin que ambos supiésemos donde estaba el otro por medida de seguridad. Como estábamos conscientes de que éramos buscados por los servicios de inteligencia de la dictadura y conocíamos las posibles consecuencias si nos detenían, teníamos que hacer algo para poder protegernos.

Como ya no éramos solamente una pareja sino que padres de una niña recién nacida y si a alguno de los dos nos secuestraban, ninguno podría interceder para saber el destino del otro ya que no estábamos legalmente casados necesitábamos una alternativa.

Rocío Del Trigal con su Papá Hernán/Tolo
(Fuente: album familia Cifuentes, agradecimientos a Neil Collier)

Antes de enfrentar esta situación de persecución política bajo dictadura, nunca nos habíamos planteado la necesidad de casarnos legalmente ya que dentro de la transformación socio cultural del período de cambios en que vivíamos durante el gobierno de Allende, nosotros mismos habíamos llegado a pensar que el matrimonio legal era solo otro resquicio formal de una sociedad burguesa de dos caras en donde no se valoraban los verdaderos sentimientos de las personas. Por esta razón, para nosotros, el casarnos no era una necesidad. Sabíamos que nos queríamos y deseábamos vivir nuestras vidas juntos y esto ya era más que suficiente. Tuvimos a nuestra primera hija seguros de lo que pensábamos y manteníamos nuestra convicción de que no era necesario casarse.

Sin embargo, frente a la incertidumbre que nos presentaba el ser buscados por la dictadura y, además, el hecho de saber que en Argentina muchos bebés habían sido secuestrados mientras sus padres estaban en prisión para darlos a familias de militares que no podían tener hijos, cambiamos de opinión. Así fue como mientras estábamos en la clandestinidad, contactamos a nuestros amigos Oscar y Mag para que nos sirvieran de testigos y nos fuimos rápido al Registro Civil para 'darnos nuestros mutuos si' en una 'ceremonia' que duró veinte minutos, en este caso no "como Dios mandaba" sino que como la dictadura lo exigía.

Aunque la ceremonia fue muy breve, felizmente, nuestra unión ha sido más larga y ya caminamos por sobre los cuarenta años juntos.

A través de estos días de persecución, distintas personas arriesgaron su seguridad personal al ofrecernos refugio en sus hogares. Entre ellos estuvieron nuestros amigos Angela y Javier quienes generosamente nos dejaron su casa por algunos días, Alvaro un arquitecto cristiano a quien no conocía, Claude y Janine una generosa pareja de funcionarios diplomáticos franceses, amigos y personas totalmente desconocidas. En donde llegábamos se nos daba una 'fachada' para no llamar la atención de personas que pudiesen darse cuenta que estábamos clandestinos porque éramos buscados y pudiesen avisar a los servicios de inteligencia, lo que a veces, tristemente, sucedía.

No siempre, las personas que ofrecían refugio o ayuda a los perseguidos políticos, aunque fuese por razones de estricta compasión humana, terminaban con un final satisfactorio sino que muchas veces con serias consecuencias negativas para ellos mismos.

Entre los diferentes lugares y casas en donde nos dieron refugio una de ellos fue la casa de ejercicios espirituales de Punta de Tralca, en la costa de Santiago muy cerca de la Isla Negra, donde el poeta chileno premio Nobel de literatura Pablo Neruda tenía su casa de playa donde escribía sus poemas. Mientras estábamos allí, recuerdo que un día caminábamos por la playa con nuestra hijita en brazos y nos cruzamos con dos jóvenes hermanos de entre 18 - 22 años de edad quienes, supimos después, también andaban arrancando de los servicios de inteligencia. Les vimos pasar sonriendo sin que ellos ni nosotros supiéramos, en esos momentos, las razones por las cuales estábamos allí ni mucho menos lo que el futuro nos depararía. Después supimos que ambos habían sido asesinados por los servicios de seguridad. Se trataba de los jóvenes hermanos Rafael y Eduardo Vergara Toledo.

Muchos jóvenes amigos habían sido detenidos por los Servicios Secretos y después devueltos sólo como cuerpos sin vida, o desaparecieron para siempre.

Habíamos ya escuchado muchos relatos espeluznantes de parte de cientos de familiares de las víctimas de la represión y sabíamos que nosotros mismos podríamos ser los próximos. Ahora, con nuestra pequena hijita Rocío , de solo un mes de edad, ya no éramos sólo una pareja viviendo en la clandestinidad. Habíamos logrado escapar de la DINA gracias al apoyo valiente y generoso de amigos y gente totalmente desconocida. Sin embargo, en aquellos momentos comenzamos a pensar que quizás tendríamos que intentar salir del país. Fue muy doloroso llegar a esta situación. En aquel entonces estábamos decididos a continuar luchando contra la dictadura y sabíamos que nuestro deber era permanecer en Chile a pesar de la feroz represión. Apoyabamos al Movimiento de Izquierda Revolucionaria y pensábamos que salir del país en aquel tiempo era una acto de cobardía y traición a nuestros valores, a nuestros companeros, amigos y sobretodo la gente pobre por quienes habíamos luchado.

Recuerdo que me sentí 'quebrado'emocionalmente cuando pensaba en que deberíamos salir de Chile y tendríamos que dejar atrás y sólo a nuestro querido compañero Chico, con quien habíamos vivido y luchado juntos los últimos años en la Población y quien era como parte de nuestra familia. También sentía lo mismo sobre Pauli, la esposa de un compañero desaparecido quien cuidaba a nuestra hija Rocío cuando nosotros estábamos en nuestros trabajos.

Pasamos por diferentes etapas en aquel tiempo y circunstancias: a veces decididos a continuar nuestra lucha y otras, especialmente cuando veíamos como más y más companeros caían en las garras de la dictadura, pensando en que quizás necesitabamos salir.

Pauli Martinez con Hernán/Tolo (Fuente: album familia Cifuentes)

Una vez que tomamos la decisión de salir de nuestro país, sentimos que nuestros corazones se habían roto. Significaba tener que decir adios a nuestra propias vidas, a los sueños en los cuales habíamos creído y por los cuales habíamos luchado. Fue un sentimiento desolador el pensar que estábamos abandonando nuestra lucha y especialmente la gente con la cual luchamos juntos, particularmente los compañeros/as más pobres quienes habían confiado en nosotros y muchos de ellos se habían sumado a la lucha por el Socialismo porque ellos confiaban en nosotros.

Entonces, las palabras proféticas de nuestro companero poblador Nene Ortega quien era uno de los dirigentes principales en nuestra población, me resonaban más fuerte que nunca - antes de que ocurriera el Golpe militar Nene Ortega nos decía: "Estoy seguro de que cuando el verdadero enfrentamiento entre los trabajadores y los ricos tome lugar, los compañeros universitarios serán los primeros en salir arrancando".

Nene tenía razón. Su instinto de hombre trabajador

modesto le decía lo que probablemente ocurriría en el momento de enfrentamiento con la derecha y las Fuerzas Armadas. Nene sabía que la gente pobre que luchaba por un Chile mejor no tendría ninguna otra opción excepto que seguir viviendo en su pobreza, mientras que el ser estudiante universitario era, de alguna manera, un pasaporte para un poco más de seguridad hacia el futuro.

Ingenuamente nos consolamos creyendo de que saldríamos sólo por dos años como una manera de salvarnos de las garras de la DINA y que después regresaríamos a nuestro país. Obviamente, este fue otro sueño.

'Tortura en Chile: Verguenza Mundial' – manifestación del 'Movimiento Sebastián Acevedo contra la tortura' (Fuente: soundsandcolours.com/articles/chile/11-documentaries-on-the-military-dictatorship-in-chile-20293)

Nuestros Errores

Esta fue, más o menos, nuestra corta pero intensa y apasionante historia en busca de un mundo mejor para los más pobres de nuestro país. Dimos lo mejor de nosotros mismos con nuestras mejores intenciones, pero también pienso que cometimos errores algunos de los cuales paso a mencionar.

Por supuesto que la historia sobre el gobierno de Salvador Allende y sus intentos por avanzar para poder cumplir su programa de reformas estructurales de la sociedad chilena en beneficio de los trabajadores y los sectores más pobres tropezaron desde antes de su comienzo con intereses contrarios nacionales e internacionales que representaban a la clase dominante. Sin embargo, es igualmente justo y necesario mirarnos a nosotros mismos e intentar reflexionar sobre algunos de nuestros propios errores. Obviamente, estos no excusarán las barbaridades cometidas por la dictadura militar, pero al mismo tiempo probablemente contribuyeron a que no hubiésemos tenido la capacidad para intentar evitar la pesadilla a la que desgraciadamente llegamos.

La coalición política de izquierda representada por la Unidad Popular, la que reunía a una amplia gama de las fuerzas progresistas de la sociedad chilena, era no solo necesaria, sino que indispensable para poder competir con alguna esperanza en la elección presidencial de Chile en 1970. Por circunstancias políticas, en esta elección presidencial, por primera vez, la derecha política se presentó dividida lo que facilitó el triunfo de la Unidad Popular. Sin embargo esta unidad de las fuerzas progresistas que formaban la U.P. comenzó a mostrar sus debilidades, después del triunfo de Allende, cuando cada partido político miembro de esta coalición comenzó a exigir su cuota de poder representada en cargos de gobierno de acuerdo a su propia fuerza y lo que pasó a conocerse como el 'cuoteo político'.

Esta manera de gobernar pronto mostró sus debilidades al mostrar que las designaciones de responsabilidad de funcionarios de gobierno no necesariamente recaían en sus miembros más capaces, sino que en las manos del partido político a quien le correspondía determinada cuota de poder y el que a su vez la depositaba en un miembro de su confianza independientemente de la habilidad y capacidad de aquella persona. Obviamente, a través de este sistema de cuoteo político se hicieron nominaciones totalmente inapropiadas las cuales, además de hacer un trabajo deficiente, dieron una imagen negativa del gobierno.

Junto a esta debilidad o ambición de poder, también se desplegó una actitud de sectarismo por parte de los partidos políticos de la UP en donde todo su accionar político pasaba por asegurarse el máximo control de poder como a su vez restar credibilidad o boicotear cualquier iniciativa que no originara de su propio partido. Estas rencillas por acaparar el poder por supuesto que no ayudaron a aumentar la confianza en la motivación verdaderamente socialista de los partidos de esta coalición.

Además, no toda la gente que se oponía o no apoyaba al gobierno de Allende era gente necesariamente adinerada o de derecha, sino que muchos de ellos eran de clase media o trabajadores quienes sencillamente no creían en los políticos además de estar influenciados por la propaganda de derecha. Esta polarización en el espectro político nacional posiblemente condujo a una innecesaria y contraproducente ideologización del debate de la vida nacional a tal punto que, sin quererlo, el fervor revolucionario o entusiasmo por el cambio social nos condujo a menospreciar o subvalorar a la gente que no se declaraba en favor del gobierno de Allende.

Este fue un error del cual yo mismo fui especialmente responsable en relación a mis compañeros/as de estudios en la carrera de Servicio Social. Recuerdo que en mi condición de presidente del centro de alumnos de mi escuela de Servicio Social en la universidad de Chile-Talca cometí el serio error de dejarme arrastrar por esta ideologización al dirigir un movimiento estudiantil que cuestionaba la presencia de profesores conservadores en nuestra escuela de trabajo social como idóneos para trabajar en una carrera que promovía el cambio social en la sociedad chilena.

Sin darnos cuenta asumimos que los profesores que apoyaban los cambios eran profesores idóneos y competentes sin antes proponer una evaluación justa, profesional e imparcial igual para todos. Años después de haber salido de la cárcel y aún durante dictadura militar escribí una carta personal dirigida a las profesoras injustamente cuestionadas confesándoles mi arrepentimiento y pidiéndoles perdón por aquella injusta acción aún sabiendo del que daño ya estaba hecho.

Por supuesto la oposición política derechista capitalizó los errores por parte del gobierno y de los partidos de la UP. Uno de estos errores fue la promoción del programa de educación unificada impulsado por la UP en un momento político en que no se daban las condiciones necesarias de suficiente apoyo popular y lo que desencadenó una oposición considerable ya que amenazaba los intereses del control de la educación por parte de la iglesia católica y por consiguiente su brazo político la Democracia Cristiana el que era un importante partido con mucha influencia en el país.

Los partidos de la UP, como las fuerzas más avanzadas del movimiento de izquierda más radical nunca estuvieron realmente conscientes de lo que verdaderamente significaría un enfrentamiento directo con la clase dominante y sus instituciones, especialmente las Fuerzas Armadas. Creíamos ingenuamente de que seríamos capaces de crear un poder popular y militar lo suficientemente fuerte como para poder defender las conquistas del pueblo. Quizás nuestra teoría no era incorrecta pero obviamente necesitábamos tiempo.

La derecha política, por supuesto no podía esperar a que estuviésemos preparados. Estábamos frente a una disyuntiva de opciones políticas en donde era casi imposible ganar. Por una parte, si desarrollábamos el poder popular más rápido, se nos acusaba de estar atentando contra las instituciones responsables de proteger la seguridad nacional lo que justificaba la agilización del golpe militar. Por la otra, si no lo hacíamos todo el avance de cambios sociales y económicos se detenía y quedábamos absolutamente indefensos frente a la represión militar ordenada por la derecha y que fue lo que realmente sucedió.

Aunque el boicot económico en contra del gobierno de Allende fue orquestado a nivel nacional e internacional y con ello generó el desabastecimiento lo que a su vez resultó en colas, mercado negro, especulación y frustración en la población, este se presentaba como un fracaso del gobierno socialista, lo que era obviamente no solo incorrecto, sino que falso. Por supuesto esta imagen de caos era magnificada por los medios de comunicación de masas de la derecha quienes culpaban al gobierno de dicha situación. El gobierno trató de responder a este desafío introduciendo las Juntas de Abastecimiento Popular (JAP) pero desgraciadamente, en este aspecto, la derecha consiguió lo que buscaba que era el caos, la incertidumbre y la frustración.

Estos posibles errores resultan muy controvertidos dada la gran diversidad de factores envueltos en aquel período de la historia de Chile. Probablemente muchos compañeros hoy en día, como aquellos que dieron sus vidas por esta causa ofrecerían explicaciones muy diferentes y hasta contradictorias sobre las razones de nuestro fracaso.

De todas maneras, la más honesta y objetiva autocritica que se pueda hacer, cualquiera que ella sea, sobre el gobierno de la Unidad Popular, necesita ser considerada dentro del contexto político histórico de aquel periodo. Este contexto, entre otros factores debe incluir hechos que hablan por sí solos, como, por ejemplo:

El gobierno norteamericano de Nixon financió una campaña de oposición a fin de evitar la elección de Allende mucho antes de su elección presidencial [69]. Es decir, el rechazo a que los chilenos decidieran su propio destino, fue evidente antes de la elección de Allende.

Henry Kissinger, ministro de relaciones exteriores de Nixon, públicamente justificó la interferencia ilegal del gobierno norteamericano para impedir la elección de

---

[69] Korublerhh, Peter *Chile and the EEUU : Declassified Documents Relating to the Military Coup , Sept 11.1973* . National Security Archive & Electronic Brefing Book No 8. The George Washington University

Allende como presidente de Chile simplemente porque él no podía aceptar que los chilenos fuesen tan irresponsables como para elegir un gobierno 'comunista'[70].

La interferencia ilegal y antidemocrática de estas medidas quedaron en evidencia cuando la compañía de inteligencia norteamericana (CIA) del gobierno de Nixon reconoció haber proveído apoyo financiero al diario 'El Mercurio' de Chile, el periódico más importante de la oposición en contra de Allende, por las sumas de $700,000 (dólares americanos) el 9 de septiembre de 1971 y luego de $965,000 el 11 de abril de 1972, el cual jugó un papel importante en preparar las condiciones para el golpe militar que derrocó a Allende el 11 de septiembre de 1973. Esta información fue provista por una comisión del senado norteamericano presidida por el senador Frank Church la que investigó las actividades de la CIA en Chile, antes, durante y después de Allende [71].

En 1970, en un intento por evitar el ascenso de Allende a la presidencia, el gobierno norteamericano de Nixon a través de su servicio de inteligencia (CIA) apoyó a un grupo de militares golpistas a quienes suplió con armas para secuestrar al comandante en jefe del ejercito el General René Schneider quien era un militar constitucionalista que no estaba dispuesto a autorizar un golpe en contra de Allende. El 16 de octubre

---

[70] Hitchins, Christopher, *The Trial of Henry Kissinger*, Verso Press, 2011.

[71] Informe Church (del Senado de Estados Unidos) 1975 y 1976: www.aarclibrary.org/publib/church/reports/contents.htm. 'Acción Encubierta de Estados Unidos en Chile 1963-73', at:: antropologiadelarealidadvirtual.com/2013/05/17/informe-church-accion-encubierta-en-chile-1963-1973.

de 1970 tomó lugar el primer intento de secuestro de Schneider el que fracasó. Tres días más tarde, el 19 de octubre, el General golpista Roberto Viaux realiza un nuevo fallido intento de secuestro. El 22 de octubre terminaron por asesinar al General R. Schneider, lo que las Fuerzas Armadas no aprobaron y todo condujo a la ratificación oficial de Allende por el congreso como presidente de Chile un 24 de octubre de 1970. Más tarde el gobierno norteamericano reconocería su participación en estos hechos incluso los planes de secuestrar a Schneider, pero no de asesinarlo[72].

Todas estas acciones anti-democráticas de boicot y desestabilización del gobierno socialista de Allende comenzaron antes de que el fuese elegido y continuaron inmediatamente desde el primer día que asumió la presidencia y no necesitaron esperar que Allende, ni la UP, ni la izquierda cometiésemos todos nuestros errores para justificar su golpe militar con las consecuencias de violación de derechos humanos a miles de personas en una de las más sanguinarias y brutales dictaduras de América latina en los últimos cincuenta años.

Con todas las críticas que se le puedan hacer al gobierno de Allende y sus seguidores es importante reconocer de que a pesar de todos los intentos de sabotaje, boicot y desestabilización los que crearon serios problemas en el diario vivir de la población, en las elecciones de diputados en marzo de 1973, el gobierno de Allende aumentó sus votos en un 8% desde su elección (de 37 a 45 %) lo que obviamente emitía un juicio posi-

---

[72] Verdugo, Patricia, 2003. *Allende. Como la Casa Blanca provoco su caida.* Ediciones Catalonia, 2003.

tivo sobre su gobierno[73], y al mismo tiempo alertaba a la oposición de que la situación se le arrancaba de sus manos.

El reconocer nuestros errores no significa que sin ellos hubiésemos necesariamente triunfado, sino que quizás simplemente nos hicimos el camino más difícil. Igualmente, aunque nuestros errores pudiesen haber sido muchos más, lo que está claro y comprobado es que el gobierno de Salvador Allende jamás detuvo, torturó, asesinó ni hizo desaparecer ni siquiera a una sola persona, que tampoco creó un terrorismo de Estado con prisiones secretas controladas por servicios de inteligencia con licencia para asesinar a sus opositores, mutilar sus cuerpos y lanzarlos a alta mar o enterrarlos en lugares secretos.

El propósito de esta autocritica es aprender para no volver a cometer los mismos errores como al mismo tiempo recordar a las futuras generaciones que el valor de toda lucha político-social por establecer un mundo más justo es, al final, el poder llegar a vencer antes de que simplemente llegar a morir, no importa cuán heroica pueda ser su forma. Precisamente porque nuestra fuerza se basaba en la convicción de nuestras ideas, antes que, en la fuerza militar bruta, necesitamos demostrar a las nuevas generaciones, a los jóvenes de todo el mundo que es posible y necesario seguir luchando por un mundo de mayor justicia social, paz, inclusión social, cuidado y protección del medio ambiente.

---

[73] Historia Alternativa, *Elecciones Parlamentarias de Chile de 1973.*

Adios a Nuestro País

Vivir en la clandestinidad perseguidos bajo una dictadura militar como adultos era una cosa, pero hacerlo con un bebé recién nacido era algo muy diferente. Así fue como quizás por instinto de padres, sobrevivencia, cobardía, o una mezcla de todo, comenzamos a considerar la necesidad de tener que dejar nuestro país, al menos dejar pasar un tiempo razonable hasta no seguir siendo buscados por los servicios de inteligencia. Gracias a una buena persona de Flacso (facultad latino americana de ciencias sociales) quien se compadeció de nuestra situación, el alto comisionado para refugiados de las naciones unidad y al Servicio Universitario Mundial (WUS) con sede en el Reino Unido se nos dio la posibilidad de salir de Chile como refugiados políticos.

Así fue como con dolor y a la vez esperanza un día 7 de septiembre de 1977 aterrizamos en Heathrow, Londres, para luego trasladarnos a Swansea en Gales, el que, sin casi darnos cuenta, con el paso del tiempo se convertiría en nuestra segunda patria. Aquí comenzamos a ver crecer a nuestra hija Rocío del Trigal junto a su hermano gales Aleri Gerald nacido en Swansea y más tarde veríamos la llegada de nuestros nietos. Gracias a la aceptación, afecto y apoyo de nuestros amigos, colegas, "compañeros "y la gente de Swansea comenzamos a desarrollar el sentimiento de sentirnos parte de esta tierra y su gente.

Dentro del dolor, decepción y soledad que una derrota como la que sufrimos nos hizo sentir, también recibimos muestras de compasión y solidaridad de parte de miles de personas a través del mundo entero. Estas personas creían en nuestro proyecto socialista, tenían fe en que Allende y su gobierno trataban verdaderamente de construir una sociedad más justa y mejor y no se equivocaron. Esta compasión y solidaridad también no se hizo esperar en Gales en donde sindicatos, los partidos Laborista, Galés, Comunista y Socialista de los Trabajadores como movimientos de izquierda, cristianos, humanistas, musulmanes, agnósticos y también personas simplemente movidas por su conciencia nos abrieron sus puertas.

Papás e hijas en Swansea, 1979. Hernán/Tolo (izquierda) con Rocío, y Oscar Morales con Camila (Fuente: album familia Cifuentes)

Refugiado

No quisiera cerrar esta historia sin compartir lo que he sentido como refugiado político. Los prejuicios se acrecientan no solo con la ignorancia, sino que también durante crisis económicas cuando los sectores más recalcitrantes de la sociedad tratan de sacar provecho político al culpar a los inmigrantes de los problemas de la población. Por eso, permítanme compartir con ustedes mi propia historia.

Estoy muy consciente que mi experiencia personal como refugiado político en Gales, el Reino Unido, no podría ser de ninguna manera representativa de la experiencia de la mayoría de los refugiados políticos ni chilenos ni de cualquier otra nacionalidad. Mi experiencia personal como refugiado político chileno es extremadamente diferente a la experiencia de refugiado que experimentan diariamente miles de personas en diferentes partes del mundo como Siria, Irak, Afghanistan, África, Méjico y otros países en donde a menudo las razones que fuerzan a esta acción constituyen literalmente una razón de sobrevivencia para escapar de la guerra, el hambre y la miseria.

Mis propias 'dolencias' como refugiado político se aproximan a futilidades sin mayor importancia en comparación a las privaciones y humillaciones que experimentan miles de refugiados quienes arriesgan, y muchas veces pierden sus vidas tratando de conseguir refugio en un país donde puedan subsistir. De esta realidad he tomado más conciencia cuando he visto fotos de los cuerpos náufragos inertes en el mar de niños, mujeres y hermanos/as sirios y africanos tratando de llegar a diferentes países y costas de Europa.

Más de alguna vez me han preguntado qué se siente al ser un refugiado político y he tratado de al menos poder dar una idea de lo que yo he sentido a través de mi propia experiencia.

Con el deseo de poder lograr comunicarle lo que sinceramente y realmente he sentido le ruego que, por solo un segundo, trate Ud. de imaginarse una situación en que, encontrándose Ud. en el exilio, le hacen saber que su madre ha fallecido en su país de origen, muy lejos de donde Ud. se encuentra, que la van a enterrar al día siguiente y usted no puede llegar ni a despedirse ni a verla partir para siempre. ¿Qué cree que sentiría Ud.?

De manera similar, por favor, trate de imaginarse si usted ya como adulto, en su país natal, sabía que podía comunicarse de manera normal con todo el mundo y en cualquier situación y luego es forzado a abandonar su país de origen y llega a un país desconocido en donde Ud. no habla el idioma y al tratar de comunicarse usted está consciente de que está hablando como un niño pequeño, ¿Qué piensa que sentiría Ud.?

Ó, por ejemplo, si Ud. se imagina que si después de crecer y vivir en su país de origen en donde naturalmente conoce a gente en la escuela, su barrio, trabajo, etc., y de la noche a la mañana lo obligan a dejar su país por otro desconocido y en donde no conoce a nadie ni maneja el idioma local ¿qué cree que sentiría usted? Imagínese esto, por favor, solo por un momento

¿Si a usted como joven le gustaba cantar con sus amigos y de un momento a otro se encuentra en otro país en donde su lengua ya no es la misma ni tampoco tiene amigos, dígame ¿con quién podría usted cantar las canciones que aprendió cuando joven? Y, si usted comienza a envejecer en un país que no es el suyo ¿hacia dónde cree usted que va su pensamiento al tener que pensar en sus últimos días?

Posiblemente a estas alturas de nuestra conversación imaginaria, si usted realmente ha tratado de ponerse en dichas situaciones, las cuales naturalmente no se las deseo a Ud. ni a nadie, probablemente no necesite mi respuesta a la pregunta sobre lo que significa ser un refugiado.

Igualmente, ahora que usted posiblemente ya ha entrado al tema al responder a mis preguntas hipotéticas, posiblemente le será más fácil que dialoguemos. Comenzaré por decirle que efectivamente mi anciana madre se encontraba enferma, abandonada y sola antes de su muerte. Ya antes, durante mi última visita y cuando creí, y con razón, de que probablemente sería la última vez que la vería, recuerdo que ella no podía despegarse de nuestro último abrazo cuando seguramente su cuerpo le recordaba que era el ultimo adiós de una madre a su hijo y sabía que nunca más nos volveríamos a ver. Ojalá a usted jamás le suceda algo así pero seguramente se formará una idea de lo que deseo decirle.

En el área del lenguaje, ese vehículo que adquirimos sin darnos cuenta como niños, no lo valoramos suficientemente hasta el momento que no lo tenemos y pareciera penarnos en su ausencia. Cuando tuve que dejar mi país tenía un dominio verbal y escrito bastante efectivo de mi lengua materna. El escribir artículos en la prensa, dar entrevistas en la radio o el tener que hablar en público era algo lo cual no me causaba mayor preocupación pues tenía una gran confianza en el manejo de mi primera lengua. Sin embargo, todo cambió cuando fui trasplantado a un país e idioma que no era el mío. Es algo así como trasplantar una flor o árbol frutal de su jardín a un terreno muy distinto. ¿Qué cree usted que le pasaría a su flor/árbol frutal? Si, probablemente algo muy parecido a lo que me ha pasado a mí.

En el plano social usted sabe lo que se siente cuando usted se encuentra en la calle con alguien con quien fue a la escuela/universidad o alguien con quien trabajó o vivió en el mismo barrio cuando joven. Yo también lo sabía, pero nunca más lo pude vivir porque fue como haber dejado mi pasado en los bolsillos de un pantalón viejo el cual nunca más pude volver a usar.

Posiblemente usted tenía sus canciones favoritas como joven y aún cuando ya está mayor el volver a escucharlas le traerán recuerdos de su juventud. Sin querer decir que esto es algo tan fundamental, seguro que usted sabe lo que se siente, ¿verdad? Seguro que usted me comprenderá.

Cuando estamos en situaciones extraordinarias que amenazan nuestra existencia cualquier refugio es un buen refugio lo que naturalmente se agradece a quienes lo brindan. Yo lo valoro y agradezco infinitamente especialmente cuando nos dio la oportunidad de volver a re -iniciar nuestro propio camino. Sin embargo, como dice la canción, "la jaula no por ser de oro deja de ser prisión". Hemos sido acogidos con cariño y respeto por el pueblo galés a tal punto que ya hemos vivido la mayor parte de nuestras vidas en Gales, es decir fuera de nuestro país de origen. Pero... usted ya sabe lo que quisiera decir.

Además de estos aspectos piense usted el hecho de que los medios de comunicación continuamente nos bombardean con mensajes repitiendo que los que buscan asilo, los refugiados y los inmigrantes están inundando el país y que solo vienen a quitarles el trabajo a la gente local, de que no hablan el idioma y se preguntan por qué simplemente no los mandan de regreso a sus países de origen. Cuando usted está en alguna de estas categorías y aunque Ud. haya trabajado y pagado sus impuestos toda su vida esto es algo no muy agradable de observar. Solo por un segundo, imáginese Ud. siendo extranjero en un país extraño y en donde todo lo negativo es asociado con la condición de ser extranjero, ¿cómo cree que se sentiría Ud.? Seguro que usted me comprenderá.

Felizmente en este clamor, los que hemos buscado asilo, refugio, inmigrantes y extranjeros en general hemos conocido gente con una increíble solidaridad humana, personas quienes no se han detenido frente al origen étnico, ni al país de origen o color de piel, ni ideología ni concepciones políticas ni religiosas cuando se trata de denunciar la opresión y han sido capaces de ofrecernos una acogida afectuosa y respetuosa.

Estas personas las hemos encontrado en Swansea, Gales, el Reino Unido y a través de todo el mundo. Ellos son los verdaderos hermanos/as de la humanidad, no los que crean guerras sino quienes tienden una mano a sus víctimas, no los que se envuelven en sus nacionalismos estrechos, sino que los que tienen lugar y tiempo para toda la raza humana.

Estas personas las hemos encontrado en la vida diaria, en sindicatos, escuelas, en nuestro trabajo y en organizaciones como Amnistía Internacional, Liberty, Swansea Bay Asylum Seekers Support Group, grupos Cristianos, Oxfam, los partidos Laborista, Plaid Cymru, Socialista, Comunista, partido de los Trabajadores, partido Verde y organizaciones locales como club de Rotarios, escritores, humanistas, el centro comunitario Africano , EYST - organización de apoyo a jóvenes de minorías étnicas ; Santuario de Swansea, Servicio de apoyo a quienes buscan asilo por parte de las autoridades locales de Swansea; Servicio Universitario Mundial, Consejo de Refugiados en Gales; Consejo Racial de Gales y muchas otras organizaciones.

Además de organizaciones y partidos políticos también hemos tenido la suerte de encontrar el afecto y apoyo generoso de muchas personas quienes no son ni necesitan ser miembros de ningún partido político como también incluso de personas que sin considerarse ni progresistas ni de izquierda son esencialmente buenas personas.

La solidaridad internacionalista del pueblo de Gales, especialmente de los trabajadores mineros ya se había demostrado mucho antes de los años 70. De esto tomé mayor conciencia cuando tuvimos el privilegio de ser invitados al cumpleaños de Edwin Greening en Aberdare cuya tarta de cumpleaños tenia la inscripción, en castellano: "No pasarán", refiriéndose al eslogan antifascista de los republicanos en España también usado en Chile para defender al gobierno de la Unidad Popular de Allende.

Más tarde, gracias a nuestra amiga y compañera Mary Greening tuvimos el privilegio de conocer a Alun Menai, minero, quien junto con Edwin Greening eran los dos últimos brigadistas internacionalistas sobrevivientes galeses quienes fueron a luchar a España junto a los republicanos para detener el fascismo de Franco.

Recuerdo las palabras de Alun en nuestra casa cuando nos expresaba su dolor por los abusos de la dictadura militar en Chile. Junto a familiares, amigos y compañeros tuvimos el honor de empuñar nuestros puños en alto para cantar la Internacional en el momento de despedir a este compañero. El ejemplo de solidaridad internacional de estos dos generosos y valientes mineros socialistas galeses me impresionó mucho y me dio más fuerza y determinación para escribir estas líneas.

José Hernán (Tolo) Cifuentes con Edwin Greening (1910-2003), Aberdare, 2000 (Fuente: album familia Cifuentes, agradecimientos a Neil Collier)

'Arpilleras': Bordados hechos por mujeres chilenas durante la dictadura : protesta, testimonio y descarga emocional. (Fuentes: cachandochile.wordpress.com y wendywelchbigstonegap.wordpress.com/tag/mothers-of-the-disappeared, 2014)

Adios a este Camino

En la vida andamos por diferentes caminos. El haber podido escribir este relato ha sido sin duda un camino muy especial. Ha sido un caminar lleno de recuerdos como también de nuevas miradas al camino recorrido tratando de recordar las bajadas como las subidas a través de distintas etapas de este intenso andar. Me siento bien con respecto a algunas cosas y al mismo tiempo me arrepiento de otras.

En este camino he encontrado a muchas personas sin las cuales tal vez esta ruta no habría sido caminada. Durante todo este tiempo he tenido la suerte de contar con el apoyo silencioso pero muy significativo sabiendo que mi compañera estaba al lado mío todo el tiempo. También conté con una mirada independiente, crítica y esencial la que me ayudó a re-evaluar mis pasos y lo que me permitió continuar mi camino.

No ha sido algo muy fácil el poder resumir todos estos años de mi vida. En esta historia he tratado de compartir lo que pensé que tal vez sería de algún interés para quienes deseen informarse sobre el porqué hay personas que tienen que dejar la tierra y la gente que los vio crecer en busca de asilo en otro país. Ha sido especialmente duro el tener que dejar afuera muchos nombres y pedacitos de vida para lograr mantener el interés en el curso de esta historia.

Mirar la vida y especialmente el pasado desde el punto de vista cuando uno es joven no es lo mismo que mirarlo a través de los lentes de la vejez. Me doy cuenta de esto aunque continúo sintiendo que soy la misma persona a pesar del paso del tiempo. Sin embargo, he aprendido a darme cuenta de que el mundo es mucho más grande que nosotros e inmensamente más grande que cualquier punto en donde nos encontremos en nuestras vidas. Confieso que no veía el mundo de la misma manera cuando era joven y yo y mis compañeros creíamos que el mundo comenzaba y terminaba con nosotros.

Es posible que algunas personas, después de leer este relato, puedan sentir lástima por mí. Sin embargo, debo admitir que si tuviese la opción de revivir este camino recorrido, creo que lo volvería hacer. Siento y digo esto porque yo mismo como miles de mis compañeros/as de aquella generación marchitada sinceramente creemos que tuvimos mucha suerte de haber podido vivir nuestra juventud completamente absorbidos por nuestra lucha y sueños de paz y mayor justicia social junto a un momento histórico que nos ofreció la posibilidad de ver nuestros anhelos hecho realidad. Sí, reímos, cantamos, marchamos y gritamos en nuestras manifestaciones callejeras tratando de construir una sociedad más justa. También es cierto que perdimos y que con nuestra derrota se nos fueron centenares de preciosas vidas muy jóvenes. También es verdad que muchas veces tiritamos en frente a quienes nos torturaban como también lloramos cuando tuvimos que decir adiós a nuestros seres queridos.

Yo y mi familia hemos tenido mucha, mucha suerte de haber encontrado personas muy generosas en nuestra segunda patria, Gales, como también en distintas partes del Reino Unido, Europa y en distintos otros países en distintos momentos. Gente quien nunca conocimos puso en peligro su propia vida para protegernos. Personas que no nos conocían se arriesgaron y nos dieron otra oportunidad para poder re-comenzar nuestras vidas. La generosidad y el cariño de muchos amigos nos ha permitido mantener viva aquella hermosa llamita de calor humano la cual nos ha hecho sentirnos queridos y valorados.

Celebración en Santiago en 1988 cuando la oposición ganó el plesbicito nacional, con 56% de los votos diciendo 'No' a la continuación del General Pinochet como Presidente. La dictadura militar finalmente llegó a su fín con las elecciones en 1989 cuando el President Patricio Aylwin asumió la presidencia en 1990. (Fuente: Claudio Pérez en *Chile desde adentro*, Gronefot 2015 / *Chile from Within*, Norton 1990)

La campaña por el 'NO' en 1988 la cual desplazó a la dictadura: imágen de la película - drama semi-documental político 'No', dirigido por Pablo Lorrain, 2012. (Fuente: wordsinthebucket.com)

Manifestación en Santiago en 2013 con pancartas sobre las víctimas políticas asesinadas y desaparecidas por la dictadura militar. (Fuente: www.globalresearch.ca)

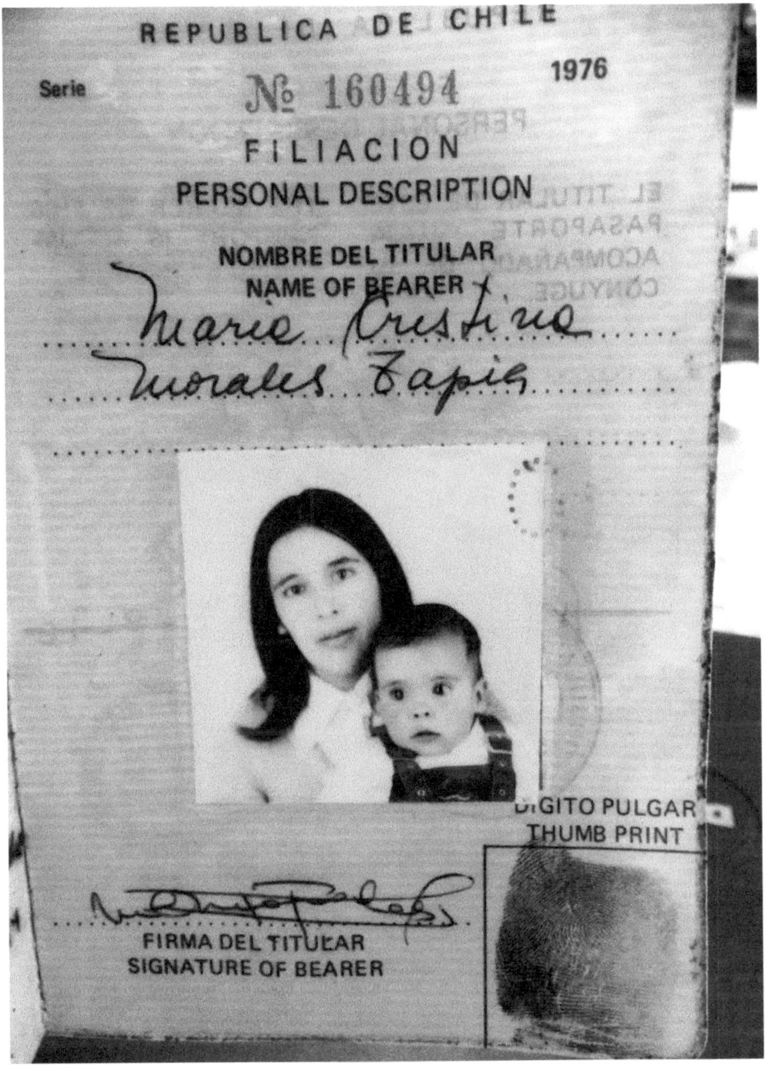

María Cristina con Rocío, 1976. Este pasaporte fue obtenido para poder viajar al Reino Unido como refugiadas políticas. (Fuente: album familia Cifuentes)

Familia Cifuentes en Tenby, Gales en 1983
(Fuente: album familia Cifuentes)

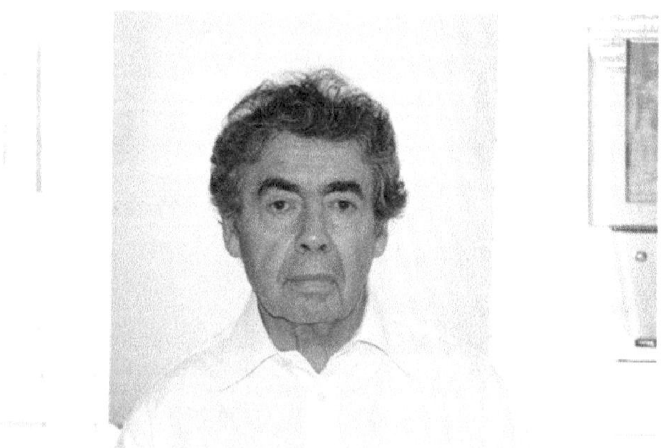

José Hernán (Tolo) Cifuentes en su trabajo en octubre del 2016
(Fuente: album familia Cifuentes)

Hernán/Tolo con su hijo Aleri Gerald en Swansea, 1981
(Fuente: album familia Cifuentes)

Los nietos en 2016: Peppi, Louie, Sienna, Zefi y Mia
(Fuente: album familia Cifuentes, agradecimientos a Neil Collier)

Hernán/Tolo con Rocío del Trigal Cifuentes, Swansea, 1980
(Fuente: album familia Cifuentes)

Rocío del Trigal Cifuentes, Directora de Ethnic Youth Support Team, en 2015 junto a Geraint Davies MP y miembros de EYST
(Fuente: EYST)

Epílogo

Rocío del Trigal Cifuentes

Nací un frío día de invierno a comienzos de agosto. Fue el año 1976 en la Clínica 'Las Lilas', una clínica privada en una area afluente de Santiago. 'Sueños Revolucionarios' narra la historia durante los años antes y después de mi nacimiento, desde el punto de vista de mi papá (¡la perspectiva de mi mamá sería otro libro!).

Los sucesos ocurridos antes y después del golpe militar son para mí también, solo una historia, aunque fue una historia escuchada muchas veces a través de mi niñez. Sin embargo, la decisión de mis padres de dejar Chile y la bienvenida que ellos recibieron en Gales y el Reino Unido han sido los eventos que más vivamente han influenciado mi propia vida.

Por supuesto que mis padres no tuvieron la opción de elegir. Cualquier elección se supone solo existe cuando se tiene la libertad para decidir y es muy claro que, si ellos hubiesen permanecido en Chile, uno o todos podríamos haber perdido nuestras vidas. Sin embargo, el país de Gales nos ha recibido con compasión, y esta compasión y calidez humana ha sido lo mas que ha marcado mi vida como yo lo he sentido.

Llegé a Swansea con solo un año de edad, asistí a la guardería infantil, y toda mi educación fue en Swansea, por lo tanto, me sentía como cualquier otra niña galesa. Mi hermano nació en Swansea cuando yo tenía 3 años de edad, y, en general, tuvimos una infancia feliz. La comunidad chilena, que consistía en más o menos 30 familias que llegaron a Swansea por las mismas razones, llegaron a ser una extensión de mi familia y aquellos con niños de la misma edad de nosotros llegaron a ser de hecho nuestros primos, tías y tíos. Con esta comunidad, tuvimos muchos encuentros sociales, fiestas y asados en la playa, mucha diversión y oportunidades para algunas veces no portarnos muy bien, como todo niño. Todo esto dentro de un contexto muy singular en donde siempre escuchábamos discusiones políticas y puntos de vista sobre la situación en Chile, incluyendo los méritos de distintos conceptos políticos como Comunismo, Socialismo, Capitalismo y Dictadura - estas eran palabras que yo aun con solo 7 o 8 años, constantemente trataba de entender.

En aquellos años Swansea no tenía mucha diversidad étnica y recuerdo como deseaba que mis padres no me hicieran sentir verguenza al hablar castellano en frente de mis amigos de escuela, como también de que mi nombre fuera más fácil de pronunciar para la gente. Pero jamás, hasta hoy, experimenté racismo.

No fuimos ricos, pero definitivamente no fuimos pobres, o por lo menos nunca me sentí pobre, y agradezco a mi mamá especialmente por siempre haberme transmitido un sentimiento de prosperidad, de tener todo lo que necesitábamos, y de poder tener todo lo que queríamos. "Mamá es rica!", decía ella, aunque en realidad, ahora ya sé que no lo era.

En este sentido, estoy muy agradecida al Servicio Universitario Mundial junto al Alto Comisionado para Refugiados de las Naciones Unidas quienes les dieron a mis padres los medios para poder vivir con dignidad como estudiantes en un departamento cómodo en una parte bastante bonita de Swansea cuando recién llegamos, antes de que ellos obtuvieron trabajos para poder sustentarse por sí mismos.

Yo sabía que éramos refugiados políticos pero esa palabra no tenía el estigma que desgraciadamente tiene hoy. De hecho, yo me sentía responsable, aun a los siete años de edad, de portarme de tal manera que diera una buena impresión sobre los chilenos y refugiados políticos para que asi nos aceptaran como comunidad. También sentí un fuerte deseo de poder cambiar las cosas y enrostrar la injusticia que mis padres y mis tíos y tías chilenos habían sufrido tan intensamente…

Así ocurrió como el denunciar injusticas sociales y políticas se han transformado en el sentido de mi vida, y me instó a estudiar Ciencias Sociales y Políticas en la Universidad de Cambridge. Luego regresé a Swansea y trabajé en distintos roles como enseñando Sociología en un colegio pre-universitario, trabajando en una organización de caridad para personas sin casa y unos años más tarde, junto a jóvenes con intereses similares a los míos, formamos la primera organización voluntaria para jóvenes de minorías etnicas en Swansea la que pasó a ser conocida como 'Equipo de Apoyo para Jóvenes de Minorías Etnicas' (Ethnic Youth Support Team) en Swansea, la cual, una década más tarde, emplea veinte trabajadores y brinda el principal apoyo a jóvenes y familias de minorías etnicas incluyendo un creciente número de personas y familias que buscan asilo como refugiados.

Así, de alguna manera, mi vida, como la vida de mis padres se han re-encontrado y me siento inmensamente orgullosa y agradecida de mis padres por haberme dado amor, confianza y sólidos valores humanos para conseguir todo lo que he logrado en Gales.

Desde Chile a Gales y desde Gales a Chile: ¡Muchas gracias! ¡Diolch Yn fawr!

Notas Finales

Lanzamiento de *Sueños Revolucionarios* en Swansea

El libro '*Sueños Revolucionarios*' salió a la luz pública por primera vez en la ciudad de Swansea, Gales, en el Reino Unido, el 9 de Diciembre de 2016 en el teatro Volcano con la asistencia de alrededor de 250 personas. El famoso cantante popular independentista y vice presidente del Partido galés Dafydd Iwan, además de otras canciones por la paz y la justicia social cantó en galés su canción dedicada a Victor Jara. Se leyeron pasajes del libro y rindió homenaje a las víctimas de la dictadura de Pinochet como también a otros compañeros ausentes, todo esto em medio de una exhibición histórica sobre Chile durante Allende animada de fotos y arte popular. Este evento arrojó donaciones cercanas a £2,000 libras en beneficio de la Asociación de Refugiados y Personas que buscan asilo en Swansea. Una generosa donación fue también recibida de parte de de la Associación en la Memoria de Roger Bevan, ex-dirigente sindical de UNISON quien solidarizó con el pueblo de Chile en contra de la dictadura militar.

Entre mucho de los mensajes de saludos recibidos destacaron los mensajes del Primer Ministro de Gales Carwyn Jones, y Phil Roberts, Secretario Ejecutivo de la ciudad y Condado de Swansea.

Carwyn Jones dirigió este mensaje a José Hernán Cifuentes.

> Estimado José:
>
> Es un gran orgullo para mí el saber que fue Gales quien le extendió una mano de Amistad y le dió una oportunidad para poder construir un nuevo hogar y una nueva vida en nuestro país. Soy consciente del importante aporte que Ud y su familia han hecho a la vida de Swansea desde cuando llegaron a Gales.
>
> Su libro es un aporte significativo no sólo porque narra una fascinante historia política, sino porque, con mucho más razón hoy en día dada las circunstancias de este año 2016, nos permite hacernos conscientes sobre los beneficios, para todos, de que Gales continue siendo un país abierto que da una acogida amistosa a todos los que la necesitan.

Lanzamiento de *Sueños Revolucionarios* en Chile

Los días seis y trece de Abril de 2017 lanzamos este libro en las ciudades de Santiago y Talca, respectivamente. El Colegio de Trabajadores Sociales de Chile y la Universidad de Talca abrieron sus puertas para este evento.

El lanzamiento en Santiago fue especialmente significativo que hubiese tomado lugar en el colegio de Trabajadores Sociales considerando que dos de los protagonistas principales de esta historia eran estudiantes de Trabajo Social al momento del golpe militar y fueron expulsados de la universidad precisamente al final de su carrera. Las palabras de la Sra Alicia Yañez, presidenta del colegio, fueron particularmente signicativas en su mensaje de bienvenida a colegas perseguidos y victimizados por la dictadura civico-militar.

Allí tuvimos el privilegio de poder volver a abrazar a compañeros con quienes hicimos esta historia.

El lanzamiento en la ciudad de Talca fue auspiciado por los centros de alumnos de las carreras de sicología y música, respectivamente, de la Universidad de Talca. Aqui asistieron muchos de los mismos compañeros pobladores de la ex Población Arturo Prat en donde nació esta historia lo que lo hizo increíblemente emotivo.

Tanto en Santiago como en Talca tuvimos el honor de poder abrazarnos con los familiares de compañeros/as quienes ya han partido de esta vida pero que permanecen muy fuerte y vivos en nuestra memoria. Además, tuvimos la alegría de volvernos a abrazar con compañeros y amigos/as muy queridos como Fernando Salazar, ex presidente de la Central Unica de Trabajadores, miembros de distintas organizaciones políticas, compañeras y ex profesoras de la carrera de Trabajo Social, Universidad de Talca, compañeros de exilio en Swansea ahora en Chile, familiares y amigas/os de los jovenes asesinados en San Javier, profesores y compañeros del Liceo y de la juventud de estudiantes católicos de San Javier.

Ambos eventos rindieron homenaje a los caídos y al mismo tiempo recordaron las conquistas sociales, especialmente en términos de la dignidad humana, del gobierno de Allende como la lucha y sueños de miles de chilenos que creyeron y siguen creyendo que un Chile mejor y más justo es necesario y posible.

Ambos eventos, tanto en Santiago como en Talca, incluyeron alrededor de 300 personas y fueron significativos en varios aspectos: primero, el hecho de poder lanzar este libro de denuncia precisamente en la misma Universidad de Talca en donde habíamos sido expulsados por persecución política; segundo, el haber sido recibidos de manera cálida, fraternal y afectuosa por el Colegio de Trabajadores Sociales de Chile, profesión de la cual habíamos sido arbitrariamente marginados y finalmente porque la voz de las tres generaciones en nuestra familia pudo expresarse, y en ambos encuentros, su tercera generación fue representada por nuestra hermosa nietecita Mía Bluebell quien leyó extractos de las memorias de su madre Rocío del Trigal sobre el tiempo que ella vivió como niña pequeña refugiada política en Gales.

La organización de ambos encuentros dio una sincera muestra de compañerismo, solidaridad y profesionalismo y fue caracterizada por una excelente planificación y ejecución por un equipo formado por Cecilia Cazanova, Angelica Galarce, Tina Mascaró, Teresa López, Camila Morales, Luis Flores, Manuel Rojas, Nelson Ortega, Pablo Rojas y Daniel Ortega.

En resumen, un evento que mostró como los ideales de justicia social y paz verdadera basada en la justicia continúan vivos a través de generaciones.

Niñas chilenas de 'La Escuelita Chilena' bailando cueca en un evento en la Universidad de Swansea en 1984, pro-democracia en Chile. Esta escuelita fue organisada durante muchos años por voluntarios de la comunidad chilena en Swansea, para enseñarles el idioma y la cultura chilena a los niños. Rocio del Trigal Cifuentes está en la parte derecha delantera la foto.

Jose Hernán Cifuentes con Paul Elliot en el lanzamiento de la version inglesa de 'Sueños Revolucionarios' en Swansea en diciembre del 2016: 'Solidaridad del pueblo gales por el pueblo chileno'.

L - #0122 - 100221 - C0 - 210/148/13 - PB - DID3021588